rowohlt

1

Der mögliche Ausnahmezustand

Es war Abend geworden in der bayerischen Gemeinde Berchtesgaden, inmitten der ersten Alpenausläufer. Jetzt, Anfang März 2011, waren die Felder und Wiesen immer noch schneebedeckt. Lange würde sich die weiße Pracht nicht mehr halten können, zu warm und zu kräftig war die Sonne in diesen Tagen geworden. Auf dem Parkplatz des Tagungshotels lagen zusammengeschobene Schneehaufen wie stumme Zeugen und glänzten im Licht der Straßenlaternen. Von hier aus konnte man die hellerleuchteten Konferenzräume sehen, die sich im Erdgeschoss des Hotels befanden. Hinter einer der Scheiben war eine Dame mit einem Mikrophon in der Hand zu erkennen. Offenbar sprach sie gerade zu den Gästen einer Tagung. Sie passte mit ihren kurzen blonden Haaren und ihrem dunkelblauen Kostüm perfekt in die Szenerie des gediegenen Fünf-Sterne-Hotels und zu den Gästen, die zweifelsohne allesamt Geschäftsleute zu sein schienen. Es war wohl Frau Talheim, die Moderatorin des Führungskräfteseminars, das in diesen Tagen im Hotel stattfand. Beim Näherkommen – ich war gerade eingetroffen und hatte eben erst eingecheckt – hörte ich durch ein offenes Fenster, wie sie dabei war, den rund siebzig Teilnehmern für deren Aufmerksamkeit und den Referenten des Tages für deren Vorträge zu danken:

«Nachdem mich einige von Ihnen vorhin schon gefragt haben, noch kurz etwas Organisatorisches: Wir treffen uns in einer knappen halben Stunde vor dem Hotel, also gegen 18.30 Uhr, und machen einen kleinen Spaziergang zu dem Lokal, in dem wir dann gemeinsam zu Abend essen werden. Der Weg ist nicht weiter beschwerlich und dauert kaum zwanzig Minuten. Möchte jemand von Ihnen lieber mit dem Auto fahren?»

Allgemeines Gemurmel, doch keiner der Anwesenden meldete sich.

«Okay, dann wie gesagt um halb sieben vor dem Hotel. Ach, und bitte, wir treffen uns in legerer Kleidung. Sie dürfen also Ihre Anzüge und Krawatten ruhig im Schrank lassen, falls Sie das möchten.» Einige Teilnehmer lachten, andere packten ihre Sachen zusammen. Wenig später verließen alle den Konferenzsaal.

Auf meinem Zimmer lockerte ich zunächst die Krawatte, dann holte ich mein Telefon aus der Innentasche meines Jacketts hervor. Ich war vom Veranstalter eingeladen worden, am nächsten Tag über die aktuelle Lage des Verfassungsschutzes zur Spionageabwehr zu berichten, immerhin hatte die deutsche Industrie seit einigen Jahren enorme Einbußen durch Wirtschaftsspionage und Know-how-Diebstahl zu verzeichnen. Die Angreifer bedienten sich dabei immer häufiger der Methode des elektronischen Datendiebstahls. Das war einfach. Die Systeme waren nicht ausreichend gesichert, und Firmenmitarbeiter gingen im Allgemeinen viel zu sorglos mit der IT-Sicherheit um, der Sicherheit ihrer Informationstechnik. Jeder der Tagungsteilnehmer kannte gewiss das Problem, aber offiziell war niemand betroffen. Das war gängige Praxis. Niemand wollte öffentlich über Hackerangriffe auf das eigene Unternehmen berichten oder gestehen, dass irgendwie auf andere Weise Daten verloren gingen. Dass viele Konzerne sehr wohl betroffen

Der mögliche Ausnahmezustand

Michael George

Geh@ckt

Wie Angriffe aus dem Netz uns alle bedrohen

Ein Agent berichtet

Rowohlt

Einige Personen und Unternehmen
sind aus Sicherheitsgründen anonymisiert,
was aber nicht heißt, dass die Geschichten
erfunden sind.

2. Auflage Dezember 2013
Copyright © 2013 by Rowohlt Verlag GmbH,
Reinbek bei Hamburg
Alle Rechte vorbehalten
Lektorat Regina Carstensen/Bernd Gottwald
Satz Documenta PostScript, InDesign,
bei Dörlemann Satz, Lemförde
Druck und Bindung CPI books GmbH, Leck
Printed in Germany
ISBN 978 3 498 02437 6

waren, wusste ich durch meine tägliche Arbeit. Seit Herbst 2008 war ich beim Bayerischen Landesamt für Verfassungsschutz für den Bereich Wirtschaftsschutz innerhalb der Spionageabwehr zuständig. Damals wäre ich nicht so weit gegangen, dem amerikanischen Sicherheitsexperten Dmitri Alperovitch zuzustimmen, als er die 2000 bedeutendsten Firmen in Deutschland in nur zwei Kategorien einordnete: «Jene, die wissen, dass Hacker in ihre Netze eingedrungen sind, und jene, die es noch nicht wissen.»[1] Heute erwische ich mich öfter dabei, wie ich ihm insgeheim recht gebe, denn in zu vielen Unternehmen brennt es schlicht und ergreifend lichterloh.

Ich setzte mich auf das Hotelbett und begann die Nachrichten der letzten Stunden zu lesen. Praktisch war das schon mit diesen Smartphones. SMS und Telefon war gestern. Jetzt gab es Internet, E-Mail, Facebook, Twitter und Google-Alerts, womit man sich stets auf dem Laufenden halten konnte. Seit einiger Zeit trug ich das Internet gleichsam immer mit mir herum. Für mich war *das* die wahre technische Revolution der ersten zehn Jahre nach der Jahrtausendwende. Ich musste nur darauf achten, nicht zum Informationsjunkie zu mutieren – diese Gefahr bestand bei mir.

Ich deaktivierte den Lautlos-Modus und blickte auf das Display. Was ich sah, erschreckte mich. Schon seit dem Morgen verfolgte ich die internationalen Schlagzeilen. Im Pazifik hatte ein Erdbeben ungefähr 380 Kilometer nordöstlich von Tokio einen Tsunami ausgelöst, dessen zehn bis fünfzehn Meter hohe Wellen im Laufe des Tages die Ostküste Japans erreichen sollten. Das Beben mit der Stärke 9,0 war das heftigste seit Beginn der Aufzeichnung 1872. An der Pazifikküste gelegene Atomkraftwerke in den betroffenen Präfekturen Miyagi und Fukushima würden sich bei einem Erdbeben automatisch abschalten, ließen Agenturen verlauten. Und in einer Ölraffinerie in der Stadt Chiba, nördlich von Tokio gelegen, sei ein großes Feuer ausgebrochen. Atomkraftwerke an der Meeresküste? Tsunamiwelle im Anrollen? Eine düstere Vorahnung über das, was noch kommen könnte, geisterte bereits den ganzen Tag durch meinen Kopf. Als ich nun die neuesten Meldungen las, schien sich die Situation dramatisch verschlimmert zu haben.

Wie sich herausstellte, waren die Kernkraftwerke zwar unmittelbar nach dem Beben tatsächlich abgeschaltet worden, mussten aber selbstverständlich weiter gekühlt werden. Dafür wurde Strom benötigt. Die normale Stromversorgung war aber mit dem Beben aufgrund mehrerer Schäden an den Schaltzentralen ausgefallen. Eine Notstromversorgung war sofort angesprungen, und sämtliche Reaktorblöcke hatten problemlos auf Notkühlung geschaltet, doch eine Dreiviertelstunde später war das Unfassbare geschehen: Eine monströse, dreizehn Meter hohe Welle erreichte das Kernkraftwerk von Fukushima und überflutete fünf der zwölf Notstromaggregate sowie die Stromverteilerschränke. Die überspülten Aggregate versagten bereits nach wenigen Minuten. Damit war die Kühlung der Reaktoren nicht mehr möglich. Es war nur noch eine Frage der Zeit, bis die Hitze zu Explosionen und zum Austritt von radioaktivem Material führen musste. Strom musste her – und zwar dringend. Verzweifelt versuchten Rettungskräfte mit Autobatterien die Zeit bis zum Eintreffen mobiler Generatoren zu überbrücken, doch der verfügbare Strom war wie der berühmte Tropfen auf dem heißen Stein. Die Helfer mit den ersehnten Generatoren erreichten das Werksgelände aufgrund der allgemeinen Katastrophenlage nur mit enormer Verzögerung oder gar nicht. Das atomare Desaster bahnte sich seinen Weg.

Der mögliche Ausnahmezustand

Die Ursache, die die Katastrophe in Japan eskalieren ließ, war letztlich die fehlende Stromversorgung. Wäre Strom vorhanden gewesen, hätte die Kühlung nicht ausgesetzt – und ein GAU wäre zu vermeiden gewesen. Strom ist – um ein Bild aus der Biologie unseres Körpers zu nehmen – das Blut jeder modernen Gesellschaft. Er transportiert Leben in unseren pulsierenden Alltag. Ein Alltag, der wiederum ohne Computer kaum mehr vorstellbar ist. Mit Computern und Sensoren werden täglich Tonnen von Daten produziert. Wenn Strom der Blutkreislauf moderner Gesellschaften ist, dann sind Daten das Nervensystem. Was würde geschehen, wenn Strom für längere Zeit ausfiele? Was, wenn dann Computer unsere kritische Infrastruktur nicht mehr steuern können?

Ich zog eine Jacke über und fand mich am vereinbarten Treffpunkt ein. Der Weg zu dem Restaurant war in Wirklichkeit noch kürzer, als von Frau Talheim angekündigt, und so saßen wir schon nach wenigen Minuten in einem rustikalen Restaurant, das an eine gemütliche Skihütte erinnerte, und stellten uns gegenseitig vor. Vier weitere Personen hatten sich um den runden Tisch platziert, an dem ich mich niedergelassen hatte, eine kannte ich bereits. Thomas Grundheim arbeitete bei einem großen deutschen Energieversorger und war als IT-Sicherheitsspezialist für die «Information Security» zuständig. Vielleicht wusste er, was geschehen würde, wenn der Strom bei uns längere Zeit ausfiele. Ich fragte ihn direkt.

«Wahrscheinlich herrscht dann ein Ausnahmezustand», meinte Grundheim ganz unverblümt und blickte dabei so belanglos in die Runde, als hätte er erwähnt, dass das Wetter am nächsten Tag schlechter werden würde.

Wie bitte?, dachte ich. Wir steuern gerade aufgrund eines

Stromausfalls auf die größte atomare Katastrophe der Geschichte zu, und der Herr Spezialist spricht von Ausnahmezustand in Deutschland, als wenn es um die Bestellung einer Weißweinschorle geht?

Als er dann doch merkte, was er da gerade gesagt hatte, beeilte er sich, seine Aussage abzuschwächen: «Aber die Stromnetze hierzulande sind sicher. Da müssen wir uns keine Sorgen machen.» Grundheim spürte, dass das Gesagte seine Wirkung verfehlte und nach Norbert Blüm und dessen Versprechen zu sicheren Renten auf dem Bonner Marktplatz klang. Aber er gab sein Bemühen, uns zu beruhigen, nicht auf.

«Im Innersten eines Kernkraftwerks», fuhr er fort, «wird im Verhältnis noch immer sehr viel mit großen Hebeln geregelt, mehr als mit kleinen Computern. Da gibt es noch viel Mechanik und wenig Elektronik. Wir fürchten eigentlich nicht so sehr einen Angriff oder einen Ausfall eines großen Kraftwerks.»

«Was dann?», wollte ein Maschinenbauingenieur wissen, der ebenfalls mit am Tisch saß.

«Was uns derzeit sehr beschäftigt, ist die Zukunft der Stromnetze.»

«Die Zukunft?» Der Ingenieur war hartnäckig. «Und hatten Sie eben nicht gesagt, dass die Stromnetze bei uns sicher sind?»

«Ja, das stimmt schon ...» Grundheim zögerte, schien sich nicht wirklich festlegen zu wollen. «Das Wichtigste am Stromnetz ist, dass die Menge an Strom, die in das Netz eingespeist wird, in etwa der Menge entspricht, die nachgefragt wird. Nur durch kontinuierliche Einspeisung beziehungsweise Entnahme von Strom kann die notwendige Frequenz von 50 Hertz gehalten werden. Wird zu wenig Strom erzeugt oder zu viel nachgefragt, und die Frequenz sinkt unter 47,5 Hertz, werden die Kraftwerke automatisch abgeschaltet. Ein Blackout wäre die

Folge. Haben Sie sich schon einmal gefragt, was geschehen würde, wenn der Strom für längere Zeit ausfiele?»

Noch niemand am Tisch hatte sich mit dieser Frage bisher wirklich auseinandergesetzt.

«Zugegebenermaßen ist die Wahrscheinlichkeit eines großflächigen und langandauernden Stromausfalls derzeit recht gering», erklärte Grundheim weiter. «Aber nicht undenkbar. Die Folgen wären dramatisch.»

«Also doch», konstatierte der Ingenieur, ein Mann von Anfang fünfzig, mit scharfgeschnittenen Gesichtszügen und lebendigen Augen.

Grundheim ließ sich nicht beirren, sondern setzte seine Ausführungen fort: «Untersuchungen haben ergeben, dass wir uns nach etwa achtundvierzig Stunden am Rande des Chaos befänden, zu stark ist mittlerweile die Abhängigkeit von Elektrizität. Zuerst steigt die Belastung der Mobilfunknetze. Die Menschen wollen wissen, was los ist, jedoch ohne Erfolg. Nach circa zwei Stunden brechen die ersten Mobilfunkstationen unter der Last und der mangelnden Notstromversorgung zusammen, nach etwa sechs Stunden das komplette Netz. Zwar funktionieren die Leitstellen von Polizei, Feuerwehr und THW, dem Technischen Hilfswerk, allerdings sind sie nicht mehr erreichbar. Das Rettungswesen ist deshalb stark eingeschränkt. UMTS-gestütztes Internet fällt nach rund sechs Stunden komplett aus. Haushalte können Kommunikationswege wie Handy, E-Mail und Internet nicht mehr nutzen. Endgeräte wie Router, DSL-Modems oder ISDN-Anlagen funktionieren ohnehin seit Beginn des Stromausfalls nicht mehr. Der Verkehr bricht zusammen. Züge, U- und S-Bahnen sowie Straßenbahnen bleiben stehen. Die Menschen darin und ebenso in Aufzügen werden evakuiert. Die Wasserversorgung sowie Abwasserentsorgung können aufgrund der notstrombedingten geringeren Leistung der Wasserwerke allein bis in den dritten Stock der Gebäude gewährleistet werden. Allerdings auch nur für zwölf Stunden. Danach ist Schluss. Die Kraftstoffreserven der Wasserwerke sind dann erschöpft, und die Wasserversorgung ist nicht mehr gewährleistet. Ebenso die Abwasserentsorgung.»

Grundheim holte kurz Luft, bevor er mit seiner Darstellung des möglichen Unmöglichen fortfuhr: «Bereits nach achtundvierzig Stunden entsteht Seuchengefahr. Die Zapfsäulen der Tankstellen bleiben ohne Funktion, da die Pumpen zum Befördern des Kraftstoffs keinen Strom haben. Die Lebensmittelversorgung ist erheblich eingeschränkt, da weder Logistik noch Kassensysteme ordnungsgemäß ablaufen können. Bankautomaten sind außer Betrieb. Da wir nicht an Dunkelheit gewöhnt sind, häufen sich Unfälle auf den Straßen. Krankenhäusern fehlt spätestens nach achtundvierzig Stunden jeglicher Strom, sie sind von Beginn an überlastet und können einzig Basisdienste leisten. Apotheken und Arztpraxen bleiben geschlossen, ebenso Dialysezentren. Das Bankenwesen kommt zum Erliegen, überhaupt versagt unser Finanzwesen.»[2]

Wir waren geplättet. Denn sosehr Grundheim abermals versuchte, uns zu versichern, dass diese Szenarien eher unwahrscheinlich seien, so sehr hatte er es geschafft, uns völlig zu überfahren. Er war zwar Experte in seinem Fach, aber definitiv kein talentierter Motivationstrainer.

«Ich muss gerade an meinen Großvater denken», sagte Marion Braun mit gedämpfter Stimme. Die brünette Mittvierzigerin war Personalchefin eines großen Automobilzulieferers. «Das Pflegeheim, in dem er liegt, ist sicher nicht notstromversorgt, und mein Großvater wird laufend beatmet. Daran hatte ich noch nie gedacht.» Betroffen sah sie zu Grundheim hinüber.

Der mögliche Ausnahmezustand

Der nickte. «Das ergeht den meisten so», sagte er. «Leider. Elektrizität ist die Achillesferse unserer modernen Gesellschaft, deshalb sind Netzstabilität und -sicherheit die großen Herausforderungen der Zukunft. Im Moment wird Strom überwiegend von den Versorgern und den großen Kraftwerken produziert. Das ist relativ einfach steuerbar. Aber die Entwicklung geht zu den erneuerbaren Energien wie Wind und Solar. Beide garantieren keine gleichmäßigen Stromlieferungen. Mal gibt es viel Sonne, mal wenig. Mit dem Wind verhält es sich genauso. Aber selbst bei viel Wind und Sonne kann überflüssiger Strom derzeit so gut wie nicht gespeichert werden. Es existieren zwar Pumpspeicherwerke, Kondensatoren, Spulen und Akkus, aber die sind nicht für eine langfristige Speicherung geeignet, sondern liefern eher kurzfristigen ‹Überbrückungsstrom›.

Außerdem wächst die Zahl der kleinen Erzeuger, die an das Netz angeschlossen werden. All das muss koordiniert werden und funktioniert nicht mehr ohne Computer. Was man künftig für ein stabiles Netz benötigt, sind computergestützte intelligente Energiemanagementsysteme – ein Smart Grid.»

Die Personalchefin sah etwas skeptisch in die Runde.

«Ein Smart Grid?», wiederholte sie.

«Genau», antwortete Grundheim, «ein intelligentes Netz. Die künftige Komplexität des Stromnetzes wird sich nur über intelligente Computersteuerungen regeln lassen. Dazu erhält jeder Haushalt einen neuen Stromzähler, ein sogenanntes Smart Metering System. Die intelligenten Stromzähler sind in der Lage, aktuelle Verbrauchswerte zu erfassen und an den Versorger zu übertragen. Der Versorger kann wiederum über einen direkten Abrechnungsmodus minutengenau den Strompreis an die verfügbare Menge anpassen und damit ein bestimmtes Nachfrageverhalten erzeugen. Herrscht zum Beispiel ein Überangebot an Strom bei viel Wind im Norden der Republik, signalisiert der Energieversorger dem Kunden über ein grünes Licht, dass Strom derzeit besonders günstig ist, und schafft damit einen Nachfrageimpuls, der wiederum zur Netzstabilität beiträgt. Oder umgekehrt. Bei zu wenig Strom im Netz leuchtet ein rotes Licht – und Strom ist in dem Moment teuer. Vielleicht kann man sich irgendwann auch den Umweg über ein solches Ampelsystem sparen und spricht die Haushaltsgeräte direkt über eine Internetschnittstelle an.»

Grundheim war ein Phänomen. Je mehr er den Versuch unternahm, uns zu beschwichtigen, desto schlimmer wurde es.

«Waschmaschinen, Trockner und Kühlschränke mit Netzwerkverbindung? Das wäre dann ja wirklich das Internet der Dinge!», bemerkte der Ingenieur.

«Wobei wir beim eigentlichen Problem wären», fügte ich hinzu und sah zu Grundheim hinüber, der einem fast schon leidtun konnte.

«Noch ein Problem?», fragte Marion Braun lakonisch in meine Richtung, als ob für heute nicht schon genügend Schwierigkeiten zur Sprache gekommen waren.

«Leider ja», ergänzte ich. «Viele Menschen denken, dass mit den erneuerbaren Energien die Sicherheit der Stromversorgung sinkt, was nicht der Fall ist. Nur die Steuerung des Netzes wird komplexer. Eine höhere Komplexität des Netzes führt aber nicht zu weniger Versorgungssicherheit. Vielleicht sogar im Gegenteil. Mehrere kleine Betreiber und mehr dezentrale Einspeisung können sogar für mehr Sicherheit sorgen. Das Problem liegt an anderer Stelle. Für die komplexe Vernetzung brauchen wir Computersysteme. Die Frage, die sich stellt, ist: Wie sicher sind diese, und *was* wird *wie* und *womit* vernetzt? Noch vor einiger Zeit beschränkten sich die Angriffe mit Viren, Würmern

Der mögliche Ausnahmezustand

und Trojanern auf klassische Computersysteme von Privatanwendern, Unternehmen oder staatlichen Einrichtungen. Mittlerweile sind ganz andere Systeme mit dem Netz verbunden. Bankautomaten, Smartphones, Telemedizin, automatisierte Industrieanlagen, Alarmanlagen, Kassensysteme, Vessand- und Bestellsysteme, Steuerungsanlagen für Ampeln, Gebäudetechnik wie Aufzüge und so weiter und so weiter. Herr Grundheim hatte das Szenario ja schon recht eindrucksvoll geschildert. Und theoretisch sind alle angreifbar. Praktisch meist ebenfalls.

Viren-Infektionen bei US-Stromversorgern

Das US-amerikanische Computer Emergency Response Team (US-CERT) berichtet von gleich zwei Viren-Infektionen bei US-amerikanischen Stromversorgern im letzten Quartal 2012. In beiden Fällen wurden industrielle Steuerungsanlagen über USB-Sticks infiziert. Die Schädlinge verursachten unter anderem den mehrwöchigen Ausfall eines Elektrizitätswerks.

http://www.heise.de/security/meldung/ICS-CERT-berichtet-von-Viren-Infektionen-bei-US-Stromversorgern-1781857.html

Das Problem beim Datenaustausch ist, dass er in beide Richtungen funktioniert. Geräte senden nicht nur, sondern sie ‹hören› auch aufmerksam zu. Man kann ihnen also sagen, was sie tun sollen. Hacker machen genau das, indem sie versuchen, mit den Geräten, die ansprechbar sind, zu reden. Es klingt nach phantastischem Fortschritt, wenn man ein Wasserwerk über das Internet fernwarten oder gar fernsteuern kann. Dumm nur, wenn dies ein Hacker tut.»

Marion Braun schüttelte den Kopf, als wollte sie das eben Vernommene nicht wahrhaben. «So etwas ist wirklich möglich?», fragte sie dann.

«Ja, und in vielen Fällen ist es zudem kinderleicht. Oft genug muss man nicht einmal Sicherheitseinstellungen überwinden, um in Anlagen einzudringen. Viele stehen zugriffsbereit im Netz. Über Suchmaschinen wie Shodan kann inzwischen nahezu jeder ungesicherte Industriesteuerungsanlagen aufspüren und fernsteuern. Jetzt schon. Wenn also Stromnetze künftig noch komplexer werden und immer mehr Computer zur Steuerung eingesetzt werden, muss dringend etwas für deren Sicherheit getan werden. Sichere Computer hätten die Atomkatastrophe in Japan zwar nicht verhindert, aber unsichere könnten eine ähnlich fatale Kraft entwickeln wie die dreizehn Meter hohe Welle von Fukushima.»

«Aber wer könnte an so etwas ein Interesse haben?», hakte der Maschinenbauer nach.

«Jeder, der Ihnen so einfällt», erwiderte ich. «Versuchte Erpressung durch Kriminelle, Egoerweiterung für ambitionierte Script-Kiddies, politisch motivierte Hacktivisten, Leute, die Geheimdienstoperationen wie im Fall des Computerwurms Stuxnet durchführen, oder Extremisten, die Terroranschläge planen und auf diese Weise realisieren wollen. Die Amerikaner sagen dazu: *«You name it, we have it!* – Sie nennen es, wir machen es möglich.» Es wird immer Menschen geben, die einen Grund für einen Angriff haben. Und wenn es nur der ist, um öffentlichkeitswirksame Auftritte zu haben, wie beispielsweise bei den Aktionen von LulzSec, einer Internet-Gruppierung, die eine Art Spaßguerilla ist. Früher konnte man noch klar zwischen Spionage, Sabotage und Kriminalität unterscheiden. Heute sind diese Dinge oft nur einen Mausklick voneinander entfernt. Eindeutige Hinweise zu Urheber, Motiv und Hintergrund sind in Zeiten moderner Computersysteme und deren Sicherheitslücken schwer zu finden, da alle Täter ähnliche Werkzeuge verwenden. Nachrichtendienste spielen in diesem Konzert fleißig mit, sind aber auch schwer zu identifizieren.» Marion Braun blickte uns fragend an. «Das bedeutet also, wir sind abhängig von Computern und werden es wohl künftig durch globale Trends wie zum Beispiel die Energiewende noch mehr werden. Und Computer wiederum sind super verwundbar! Na prima. Und ich dachte immer, Computersicherheit sei nur was für IT-Nerds.» Sie schüttelte erneut mit dem Kopf.

Ich musste ihr beipflichten. «Das denken leider viel zu viele Menschen.»

Später, auf dem Weg zurück ins Hotel, vibrierte mein Handy wie schon mehrmals zuvor. Diesmal war es keine neue Nachricht, sondern nur der Hinweis auf die fehlende Stromversorgung und einen leeren Akku. Irgendwie passte an diesem Tag alles zusammen.

Nicht einmal vierundzwanzig Stunden später entschied die Bundesregierung als Reaktion auf die furchtbaren Ereignisse in Japan, alle siebzehn Atomkraftwerke in Deutschland einer Sicherheitsüberprüfung zu unterziehen. Die sieben ältesten schaltete man sofort ab. «Wir können nicht mehr zur normalen Tagesordnung übergehen», begründete die Bundeskanzlerin dieses Moratorium. Eine mutige, für viele Menschen überraschende, aber gute Entscheidung.

Meine Gedanken kreisten immer noch um das Gespräch des vorangegangenen Abends, denn in Bezug auf Computersysteme stehen wir vor vergleichbar großen Herausforderungen. Computer werden angegriffen. Tag für Tag. Ständig wiederkehrende Meldungen über verlorene Daten, über Sicherheitslücken und Hackerangriffe vermengen sich in einem zwar alarmistischen, aber dennoch kaum wahrgenommenen medialen Grundrauschen. Geheimdienste hacken sich längst durch unsere Netze und stehlen unsere Daten. Wie das geschieht und welche Tricks sie dafür verwenden, darauf komme ich noch zu sprechen. Die Frage, ob dabei auch Hintertüren eingebaut werden, stellt sich nicht, da unentdeckte Schadsoftware faktisch Hintertüren sind. Fest steht – und das ist das wirklich Alarmierende –, dass Computerschädlinge wie Stuxnet, Duqu, Flame, Mini-Flame und Mini-Duke sowie ganze Cyber-Operationen wie Shady RAT, GhostNet oder Roter Oktober immer erst nach Jahren entdeckt wurden und völlig unbemerkt auf unseren Computern wüten können. Trotz Antivirenschutz und Firewall. Das gemeinsame Ziel aller Angreifer: Spionage, Erpressung, Destruktion. Es sei kein fairer Krieg, wenn Angreifer Zugriff auf die Verteidigungswaffen hätten, bemerkte im Frühjahr 2012 der renommierte Chefanalyst von F-Secure, einem finnischen Anbieter von IT-Sicherheitslösungen, spezialisiert auf Computerviren. Was Mikko Hypponen damit meinte, war, dass Angreifer in aller Ruhe ihren Schadcode gegen die Sicherheitstools auf ihren eigenen Computern testen können und erst dann losschlagen, wenn sie davon ausgehen können, dass keine der «IT-Sirenen» mehr losheult. Was derzeit wirklich in unseren Netzen und auf unseren Computern geschieht, wissen wir nicht. Aber irgendwie müssen wir die Sicherheit über die Netze und Computer zurückerlangen. Das schulden wir unseren Kindern.

2

Die digitale Nabelschnur –
Spionage für jedermann

Im September 2010 kamen bei einer Gasexplosion in San Bruno, einem Vorort von San Francisco, Kalifornien, acht Menschen ums Leben. Achtunddreißig Häuser wurden völlig zerstört. Die Explosion riss ein acht Meter langes und 1500 Kilogramm schweres Teilstück einer Pipeline aus dem Erdreich und schleuderte es dreißig Meter weit. Dabei hinterließ es einen zwanzig Meter langen Krater. Nachdem der Gasaustritt gestoppt wurde, dauerte es weitere zwei Tage, bis die Feuerwehr den Brand löschen konnte. Die Ursache war ein Leck in einer Leitung. Das ausströmende Gas entzündete sich und führte zu der Katastrophe. Der Geheimdienstexperte und ehemalige Antiterrorberater der US-Regierungen Bush senior und Clinton, Richard Clarke, sprach von einem Computerfehler, der dafür verantwortlich war, dass ein Ventil geöffnet wurde.

Millionenfach verbaute Computer und Sensoren verleihen der digitalen Welt die Fähigkeit zu «hören», zu «spüren», zu «sehen» und sogar zu «schmecken». Unbemerkt und parallel fand neben der Informationsrevolution eine digitale Sensoren-Revolution statt. Sie verleiht ihr allerdings auch eine bisher nicht da gewesene Verwundbarkeit, denn seit Jahren nimmt die Zahl der Sicherheitslücken stetig zu. Noch nie gab es so viele Viren, Würmer und Trojaner wie heute. Daten werden gestohlen, Web-Shops erpresst und Infrastrukturen angegriffen. Politisch motivierte Hacker werden zu Hacktivisten und führen elektronische Sitzblockaden durch.

Durch die mehr und mehr geforderte Funktionalität und die sich daraus ergebende Komplexität sind Systeme heute vielfältiger angreifbar als noch vor wenigen Jahren. Angesichts der ständig weitergehenden Durchdringung aller Lebenssituationen mit IT werden auch die Angriffsmöglichkeiten stets vielfältiger. Dies gilt für alle Ebenen, also für Bürger wie Unternehmen, für den Staat und die Gesellschaft. Selbst Menschen, die gar keinen Computer besitzen, sind von unsicheren Computersystemen in ihrem Alltag betroffen; sie wissen es nur nicht. Das Problem dabei: Die digitalen Sicherheitsrisiken sind zu wenig konkret und zu unsichtbar, als dass sie ernsthaft wahrgenommen werden. Sie sind kein Zug, der einem direkt entgegenkommt, keine Krankheit, kein gefährliches Tier, das einen droht anzuspringen. Nichts Mechanisches wie das Fahrwerk eines Flugzeugs, wie ein platzender Reifen, eine reißende Kette oder eine atomare Katastrophe.

Zum anderen werden erfolgreiche Angriffe überhaupt nur selten bemerkt. Gestohlene Daten sind ja nicht weg, sie sind nur an anderer Stelle nochmals vorhanden. Angreifer kommen und gehen, als ob es keine Türen und Zäune gäbe. Das ist gefährlich, da es nicht nur um Daten, sondern ebenso um Maschinen geht. Werden Einbrüche aber nicht bemerkt und wird auch scheinbar nichts gestohlen, fällt es automatisch schwer, überhaupt an die Existenz eines Einbrechers zu glauben. Die Folge: Wir nehmen die Gefahr der Sicherheitslücken kaum wahr, ignorieren oder negieren sie, da wir keine Diebe ausmachen können.

Ein Beispiel: Für das abendliche Fernsehprogramm werden unzählige Computer benötigt, von der Produktion bis zur Ausstrahlung der Sendungen. Auch für den Empfang des digitalen DVB-T-Signals («Digital Video Broadcasting – Terrestrial»; erdgebundene Übertragungsfrequenzen) wird ein kleiner Computer benötigt, eine sogenannte Desktop-Box. Doch die Kette zugehöriger Rechner geht noch weiter. Die Fernseher selbst haben sich vom Röhrenfernseher zum superflachen LED-Bildschirm mit eigenem Betriebssystem entwickelt und werden inzwischen sogar mit Webcam, Mikrophon und Internetanschluss ausgeliefert. Solche Smart-TVs sind Fernseher und Computer in einem. Missbraucht man die Betriebssysteme der Geräte, werden die eingebauten Kameras zu Augen der Angreifer. Mit denen können sie anschließend in die Wohnräume und Schlafzimmer von ihren Opfern blicken. Eine Horrorvorstellung für viele von uns. Der koreanische Sicherheitsexperte Seung-jin Lee zeigte auf einer Sicherheitskonferenz im Frühjahr 2013 in Vancouver, dass dieses Szenario selbst im ausgeschalteten Modus des Fernsehapparats möglich ist.

Jetzt könnte man sagen, dass beim Betrachten einiger Facebook-Inhalte eine freiwillige Abkehr von einer Privatsphäre zu erkennen ist, und das ganz ohne gehacktem Smart-TV. Aber darum geht es nicht. Es geht vielmehr um die Sicherheit von privaten Kommunikationszentralen wie Handys, Tablets oder Laptops – und wie gefährdet dadurch hochentwickelte Rechtsgüter wie unsere Privatsphäre sind. Umgekehrt formuliert bedeutet dies: Es zeigt, wie abhängig wir von sicheren Computersystemen sind, wenn uns hochentwickelte Rechtsgüter etwas bedeuten. Wenn Smartphones angegriffen werden, sind rasch staatlich garantierte Grundrechte wie das Post- und Fernmeldegeheimnis betroffen. Gegen eine monatliche Gebühr von rund 15 Euro können aber problemlos Handygespräche belauscht, SMS mitgelesen oder Standorte verfolgt werden. Egal ob die des Nachbarn, des Ehepartners, eines Kollegen oder eines Konkurrenten. Das ist Spionage für jedermann, downloadbar aus dem Internet. Programme wie FlexiSpy werben mit der Aufdeckung von Seitensprüngen und existieren, weil es einen großen Markt für solche Produkte gibt. Sie werden innerhalb weniger Minuten installiert und sind kaum zu entdecken. Schuld daran sind unzureichende Sicherheitsmaßnahmen der Betriebssystemhersteller.

Neben der Integrität von Handys, Fernsehern, Smartphones und Laptops sind wir auch im Sinne ihrer Verfügbarkeit von ihnen abhängig. Die mobilen Helferlein, die im Jugendjargon gern auch als «Kommunikationskeulen» bezeichnet werden, sind heute ständiger Begleiter unseres Alltags. Mit ihnen werden Inhalte ins Internet gestellt, Telefongespräche geführt, es wird gechattet, getwittert, gemailt und gegamed. Sie verbinden sich per DSL (Digital Subscriber Line), ISDN (Integrated Services Digital Network), LTE (Long Term Evolution), UMTS (Universal Mobile Telecommunications System) oder GPRS (General Packet Radio Service) – in jedem Fall aber digital ins Netz. Fallen die Verbindungswege aus irgendwelchen Gründen aus, können wir nur noch örtlich begrenzt, das heißt von Angesicht zu Angesicht kommunizieren.

Bei einem Stromausfall wie im November 2012 in München bricht das Handynetz im Nu wegen Überlastung und mangelnder Notstromversorgung zusammen. Man kann dann weder jemanden anrufen noch angerufen werden. Ein großflächiger Ausfall von Computern mangels Stroms bedeutet keine oder nur eine äußerst eingeschränkte Kommunikationsmöglichkeit. Wenn man Abhängigkeit als Gegenteil von Freiheit sieht, sind wir schon lange nicht mehr frei. Zumindest aber dürfen wir uns so lange, wie Computer und ihre Steuerungen funktionieren, frei fühlen. Dabei müssen es gar nicht immer Hacker oder Menschen mit bösen Absichten sein, die uns als Privatperson mitsamt unserer Daten gefährden. Oft genügt eine Festplatte, die sich über Nacht «entscheidet», am nächsten Tag nicht mehr zu funktionieren. Ein Albtraum, da sie voll mit Bilderalben, Erinnerungen und Musik ist, die nur selten als analoges Backup in verstaubten Kellern existieren. Wer heute ohne Sicherung von Telefonnummern, E-Mail-Anschriften und Kalendereinträgen durchs Leben geht, riskiert, eines Tages quasi nackt dazustehen, also ohne Anknüpfungspunkte für Freunde oder berufliche Netzwerke. Handy weg, alles weg. Wenn man den Computer als Arbeitswerkzeug nutzt und sich das Erledigte als unwiederbringlich verloren und umsonst erweist, heißt das: Notebook defekt. Ein Wutausbruch mit anschließender Depression ist die Folge.

Hätte man doch die Daten nur rechtzeitig gesichert, ein Backup gemacht oder gleich in der Cloud gespeichert. Schließlich wird Cloud-Computing als vollkommene Lösung für garantierte und permanente Verfügbarkeit angeboten (dazu später mehr).

Wer wir sind und was uns ausmacht, wird immer mehr auf den Festplatten unserer Geräte gespeichert. Nicht nur die Gesellschaft an sich, sondern jeder Einzelne bildet sich täglich im Internet und auf Festplatten ab und hinterlässt dabei tonnenweise Daten. Selbst beim täglichen Spazierengehen werden GPS-Daten im Speicher des Mobiltelefons gesammelt und bleiben auswertbar. Die Betreiber der Mobilfunknetze erheben Ähnliches. Hinzu kommen Einkäufe mit EC- und Kreditkarten, Parkscheinautomaten, Funkausweise der Stadtbibliotheken, Rabatt- und Bonussysteme, Fahrten mit dem Pkw, Überwachungskameras oder Suchanfragen im Internet. Was geschieht mit diesen Daten? Wer wertet sie nach welchen Kriterien aus? In Deutschland fürchtet man sich aus historischen Gründen besonders vor einer Überwachung des Staates, dabei liefern wir Unmengen digitaler Daten an Großdatenbanken wie Google, Amazon oder Apple. Es geht nicht nur um die Webcam eines modernen Fernsehers, die eventuell in unsere Privatsphäre hineinblickt, es geht darum, was mit den massenweise erhobenen Daten geschieht, wie sicher diese gespeichert und vor unbefugtem Zugriff geschützt sind, es geht um die Gefährdung des Selbstbestimmungsrechts und um nicht weniger als um die Gefährdung der eigenen Identität.

Deutschen wird immer öfter die Identität gestohlen

Die Zahl der Cyber-Angriffe nimmt zu. In Deutschland wurden in einem Vierteljahr rund 250.000 Identitätsdiebstähle registriert. Die Bestohlenen, ob Bürger oder Firmen, merken das oft erst sehr spät. «Allein im Regierungsnetz zählen wir 2000 bis 3000 ungezielte Angriffe täglich. Pro Tag verzeichnen wir zudem fünf gezielte Angriffe.»

http://www.welt.de/wirtschaft/webwelt/article118800787/
Deutschen-wird-immer-oefter-die-Identitaet-gestohlen.html

Diese Identität ist bei aller Anonymität im Internet in weiten Teilen digital offen sichtbar. Identitätsdiebstahl ist längst zum lohnenden Ziel für Angreifer geworden und geschieht millionenfach. Versuche haben ergeben, dass es bei einem frisch installierten Computer, der ohne Schutzmechanismen ins Internet geht, nur circa zwanzig Minuten dauert, bis er (automatisiert) gekapert wird. Und damit gehen auch die Benutzerrechte des Opfers auf den Angreifer über. Man stelle sich vor, dass vom eigenen PC eine beleidigende E-Mail an den Chef geschickt wird, obwohl man diese nie geschrieben hat. Oder ein Angreifer hinterlässt Bilder auf dem Computer, die eine Nähe zum Kindesmissbrauch nahelegen. Oder es kommt eine Bombendrohung am Münchner Flughafen an. Ein Angreifer, der im Namen des Opfers handelt – genau das bedeutet Identitätsdiebstahl. Und Opfer können kaum beweisen, dass sie nicht Täter sind. Warum dies so einfach für Angreifer ist und warum auch und insbesondere Anwender eine Mitschuld an der Misere tragen, wird noch deutlich werden.

Täter begnügen sich selten mit der Identität ihrer Opfer, sie wollen an ihr Geld. Das ist naheliegend, denn Bargeld wird nur noch in kleinen Beträgen verwendet, der Rest wird per Karte an elektronischen Kassensystemen oder über Online-Banking abgewickelt, also per Kommunikation übers Internet. Dass Kartenterminals Sicherheitslücken aufweisen und in bestimmten Fällen sogar die eingegebene PIN wieder preisgeben, hat Thomas Roth, ein einundzwanzigjähriger Computerspezialist der Berliner Firma Security Research Labs, in einem Beitrag des ARD-Magazins *Monitor* im Juli 2012 bewiesen. Insgesamt rechnet das Bundeskriminalamt mit Schäden in Höhe von 72 Millionen Euro durch elektronische Kriminalität pro Jahr, Tendenz steigend. Geld, das zu großen Teilen aus privaten Brieftaschen stammt.

Die Digitalisierung des privaten Alltags ist auch bei allem Fortschritt erst am Anfang. Das Internet der Dinge ist einer der Megatrends. Computergesteuerte Geräte mit integrierten

Sensoren und Chips wie Waschmaschinen, Geschirrspüler, Trockner und Heizungsanlagen, elektrische Garagentore und Jalousien warten nur darauf, mit dem Internet verbunden zu werden. Sie werden es bald sein, und damit für jeden wieder von außen angreifbar. Für jeden, der sich autorisieren kann oder eine Sicherheitslücke kennt. Drei große Themenfelder werden dann für den Bürger aus Sicherheitsgründen zentral: Medizin, Automobilelektronik und Energie. Über Energie, Smart Grid und die technischen Geräte, die in den Privathaushalten installiert werden, wurde schon berichtet, deshalb an dieser Stelle die beiden anderen Bereiche: Medizin und Automobilelektronik.

Telemedizin ist eine der großen Innovationen und wird das künftige Leben einer immer älter werdenden Gesellschaft millionenfach verbessern. Heute schon gibt es automatisierte Übertragungen von Vitalwerten an den Hausarzt, der Anomalien rasch bemerken kann und gegebenenfalls über den Fernseher per Video-Chat mit dem Patienten Kontakt aufnimmt. Man hat Sensoren, die einen Sturz als solchen identifizieren und selbständig Notrufe absetzen können. Insbesondere bei eingeschränkter Mobilität können moderne Kommunikationssysteme einen enormen Beitrag zur Lebensqualität leisten. Es existieren computergesteuerte Herzschrittmacher, die im Notfall Eigenschaften eines Defibrillators besitzen, oder computergestützte Insulinpumpen, die je nach Bedarf für die richtige Menge an Insulinzufuhr sorgen. Bislang hat man auch schon kleine Computer entwickelt, die ins Gehirn implantiert werden, um neuronale Verbindungen zu stimulieren, oder Hörimplantate, die computergesteuert Schall in elektrische Energie umwandeln. Das sind nur einige Beispiele von vielen.

Aber was, wenn diese Gesundheitshelfer nicht das tun,

wozu sie programmiert wurden? Ein digitaler Mord über einen Herzschrittmacher hört sich skurril an, ist aber keine Fiktion. Über eine Sicherheitslücke in dem Transmitter, der zur Einstellung und Wartung per Funk mit dem Herzschrittmacher kommuniziert, konnte bei einer Demonstration ein tödlicher Defibrillator-Stoß abgesetzt werden. IT-Sicherheit *in* unseren Körpern. Was kurios klingt, ist von lebenswichtigem Interesse.

Was dem Deutschen sprichwörtlich sein bester Freund ist, wissen wir: der Hund. Sein liebstes Kind auch: das Auto. Was aber, wenn das Kind anfängt plötzlich erwachsen zu werden und nicht mehr auf das hört, was ihm beigebracht wurde? Reparieren in der heimischen Garage mit Hammer und Schraubenschlüssel ist längst sentimentaler Selbstbetrug, wenn es um heroische Do-it-yourself-Fähigkeiten geht. Heute muss man Mechatroniker sein, besser noch Computerspezialist, um an modernen Fahrzeugen selbst Hand anlegen zu können. Kraftfahrzeuge werden zusehends zu Hightech-Geräten mit Bluetooth, GPS und Radar. Zudem werden sie immer öfter von außen steuerbar. BMW bietet seinen Kunden die App «My BMW Remote» an, mit der sich gewisse Funktionen wie Klimatisierung, Hupe, Aufsperren der Türen oder Lichtfunktionen des Fahrzeugs vom iPhone aus steuern lassen. Doch wenn Fahrzeuge zu Computern mit vier Rädern werden, hat die IT-Sicherheit direkte Auswirkungen auf die Sicherheit der Fahrzeuge. Denn wenn privat PCs ständig angegriffen werden, warum sollte diese Entwicklung ausgerechnet an solch rollenden PCs vorübergehen?

Über die vorhandenen digitalen Schnittstellen wie Funkschlüssel, Radio, Bluetooth, WLAN oder Werkstattanschluss können Fahrzeuge heute schon gehackt werden. Über die Funkübertragung des Fahrzeugschlüssels ist ein kontaktloser Schlüsselklau möglich. Der Angreifer muss dem echten Schlüssel nur nahe genug kommen – und schon kann er die Daten kopieren. Dies funktioniert, wie gesagt, ohne den Schlüssel berühren zu müssen. Es reicht, an die Jacken-, Hosen- oder Umhängetasche des Opfers zu gelangen, in der sich der Schlüssel befindet. Beispielsweise an einer Fußgängerampel. Anschließend öffnet er mit seinem Laptop und einer Antenne das Fahrzeug, stiehlt im Innenraum verbliebene Wertgegenstände oder nimmt gleich das ganze Fahrzeug und fährt davon. Denn starten lässt es sich mit den kopierten Daten auch.

Über Infotainment-Systeme haben Sicherheitsexperten bereits 2011 auf dem USENIX Sicherheitssymposium in San Francisco gezeigt, was sie mit einem Fahrzeug heute schon so alles anstellen können. Sie konnten nicht nur Türen öffnen, den Tacho manipulieren, sondern sogar Bremsen funktionsuntüchtig machen. Die Masche ist dabei immer dieselbe. Über Schnittstellen kommunizieren die Fahrzeuge mit ihrer Umwelt oder mit eigenen Komponenten. Sind die Schnittstellen nicht sicher genug, stehen Angreifern Wege offen, das Gefährt zu hacken. Sind es derzeit einzelne Schnittstellen, so sind es künftig voll autonome Systeme. Die Kfz-Zulassungsbehörde im US-Bundesstaat Nevada hat im Mai 2012 bereits die ersten autonomen Fahrzeuge für öffentliche Straßen zugelassen. Die Lizenz ging dabei an Google. Mit Hunderten von Sensoren und Chips wird autonomes, also fahrerloses Fahren immer mehr zur Realität. Auf den Kfz-Kennzeichen prangt bei diesen Gefährten ein Unendlichkeitssymbol. Das würde am besten das Auto der Zukunft repräsentieren, fanden die Beamten der Zulassungsbehörde. Und unendlich viele Möglichkeiten, solche Fahrzeuge künftig zu hacken, unken Sicherheitsexperten.

Europäische Automobilhersteller investieren viel in die Sicherheit moderner Fahrzeuge – doch wie sieht es mit in China günstiger produzierten Fahrzeugen aus?

Vielleicht wäre es sinnvoll, künftig einen Hackingtest für Fahrzeuge einzuführen, ähnlich dem Crashtest nach dem Euro NCAP (European New Car Assessment Programme). Zugegebenermaßen hinkt der Vergleich etwas, da man Software schlecht gegen eine Wand fahren lassen kann, aber anhand des Beispiels wird deutlich, was gemeint ist.

3

Gezielte Angriffe –
wenn Unternehmen ins Visier kommen

Ein unglaubliches Licht hatte sich mittlerweile in der gesamten Stadt breitgemacht. Von den oberen Stockwerken des etwas bieder wirkenden Backsteingebäudes im Münchner Norden hatte man einen großartigen Ausblick auf die Stadt. Das Münchner Olympiastadion, dahinter die Kulisse eines phantastischen Alpenpanoramas. An manchen Tagen konnte man hier oben tatsächlich Romantik empfinden. Beim Blick nach draußen versteht sich, denn Romantik, Verfassungsschutz und behördlicher Alltag stehen im Allgemeinen eher wie Bauch, Hose und Gürtel zueinander. Besonders beeindruckend war es jedoch oft im Spätherbst, wenn, wie im November 2011, ein kühler Sonnentag zu Ende ging und die letzten Strahlen erst die Bergspitzen und schließlich die ganze Stadt in ein tiefes Violett tauchten.

Ich stand an meinem Bürofenster, genoss den Ausblick und wartete darauf, dass meine Kaffeemaschine den versprochenen Espresso ausspuckte. Doch anstatt des kleinen Mokkas erschien eine Fehlermeldung auf dem Display des Geräts: «ERROR E55». Ich seufzte. Toll. Keine Ahnung, was «E55» bedeutete. Was wusste ich, wo sich die Bedienungsanleitung für die

Maschine befand. Wasser war drin. Bohnen ebenfalls. Der Auffangbehälter geleert. An der Maschine rütteln half nichts. Aus- und wieder anschalten auch nicht. Vielleicht ein kurzes Draufhauen mit der flachen Hand? Das machen Menschen doch immer, wenn technische Geräte nicht funktionieren, überlegte ich. Und seltsam, aber wahr: Oft hilft es. Warum, kann niemand erklären. Ich seufzte nochmals. Dann eben keinen Kaffee.

Während ich mich insgeheim über den technischen Fortschritt im Allgemeinen und Fehlermeldungen im Besonderen aufregte, klopfte meine Kollegin an die Bürotür und meinte: «Herr Klein von der (nennen wir das Unternehmen) IsAG bittet dringend um einen Rückruf. Er klingt sehr nervös.»

«Ich kümmere mich gleich darum. Hat er erwähnt, um was es geht?»

«Nein. Nur, dass er heute Morgen eine Besprechung mit dem IT-Leiter gehabt hätte und dass es dringend sei. Büro- und Handynummer habe ich dir per E-Mail geschickt.»

«Danke. Übrigens, kann ich mir bei dir einen Kaffee holen?»

«Klar. Was ist mit deiner neuen Maschine? Schon kaputt?»

Ich nickte frustriert und setzte mich an meinen Schreibtisch. Draußen hinterließ das letzte Violett nur noch einen schwachen roten Streifen am Horizont. Ich knipste die Schreibtischlampe an und begann meine E-Mails zu lesen, die während der letzten Besprechung hereingekommen waren.

Herrn Klein von der IsAG, einem Pharmaunternehmen, kannte ich von diversen Konferenzen und aus vielen persönlichen Gesprächen. Über die letzten Jahre hatte sich zwischen uns ein enges Vertrauensverhältnis aufgebaut. Etwas, das unabdingbar war, wenn es um den Austausch intimer Firmendetails ging. Gerd Klein war ein Mann um die fünfzig, schlank, groß gewachsen, wie viele Manager gut gelaunt, oft überarbeitet und immer erreichbar. Außerdem war er belastbar. Was wichtig war in seinem Beruf. Schließlich war er für die Sicherheit einer der größten Arzneimittelhersteller der Welt verantwortlich. So schnell konnte ihn nichts aus der Ruhe bringen.

Ich wählte seine Nummer. Klein nahm ab. Er war froh über meinen Rückruf.

«Hallo Gerd, du sagst, es sei dringend. Wie kann ich dir helfen?», fragte ich.

Gerd Klein schilderte, was sich ereignet, was genau ihm der IT-Leiter der IsAG berichtet hatte: «Vor drei Wochen sind Hacker in das Netzwerk der Firma ein- und bis in das Innerste vorgedrungen.» Noch könne man nicht genau sagen, wie viel Daten abgeflossen seien. Die ersten forensischen Untersuchungen hätten ergeben, dass sieben bekannte Schadprogramme installiert wurden sowie fünf bisher noch unbekannte. Die Angreifer hätten sich auf jeden Fall Zugriff auf Benutzernamen und Passwörter sämtlicher Angestellten verschafft. Selbstverständlich hätte die IsAG sofort sämtliche Passwörter zurückgesetzt und durch die Anwender neu vergeben lassen. Ein schmerzlicher, aber nicht essenzieller Vorfall. Ein Team aus Spezialisten versuche seitdem, alle Spuren zu sichern sowie die erkannten Lücken in den Systemen zu schließen.

«Klingt auf jeden Fall gut. Habt ihr schon eine Idee, wer dahinterstecken oder in welchem Zusammenhang der Angriff stehen könnte?», fragte ich nach.

«Moment», antwortete Gerd Klein, «das war noch nicht alles. Du wirst nicht glauben, was noch kommt.» Ich war gespannt. «Unsere IT-Abteilung konnte beobachten, wie der oder die Angreifer immer wieder aufs Neue versuchten, in unser System einzudringen, es aber nicht schafften. Unsere Abwehrmaßnahmen schienen zu funktionieren. Dann war zwei Tage lang

Ruhe. Doch danach geschah etwas, was uns alle erschreckt hat. Ein anderer Angreifer hat den Job übernommen.»

«Wie bitte?»

«Der Angreifer hat gewechselt», wiederholte Klein. «Offenbar kamen die ursprünglichen Angreifer nicht weiter, und ein anderer wurde auf uns angesetzt.»

«Und was hat euch auf diesen Gedanken gebracht?»

«Na ja», begann Klein, «zunächst waren die Angriffe zwar ärgerlich und lästig, aber die, die uns attackierten, haben Fehler gemacht und Spuren hinterlassen. Außerdem haben sie Werkzeuge verwendet, die durch unsere neuinstallierten Sicherheitssysteme zu entdecken waren. Vorfälle, mit denen, insgesamt betrachtet, unsere IT immer wieder mal zu kämpfen hat. Genau wie andere Unternehmen. Deshalb habe ich dir auch nicht früher davon erzählt. Aber der ‹neue› Angreifer war anders. Seine Attacke glich einem chirurgischen Eingriff mit Insiderwissen. Wir saßen da und waren sprachlos. Der Angreifer hatte sich, trotz aller Sicherheitsmechanismen, binnen zwanzig Minuten durch unser gesamtes Netz gehackt, gezielt Türen geöffnet und Spuren verwischt. Dann war er gleich darauf wieder verschwunden. Er wusste sehr genau, was er tat, und hatte eine bis dahin der Öffentlichkeit nicht bekannte Sicherheitslücke in einer Software als Zugang zu unserem System verwendet. Ohne Detailwissen über unsere Netze und die im Einsatz befindlichen Produkte wäre das nicht möglich gewesen.»

«Jetzt vermutest du eine Organisation im staatlichen Auftrag oder einen Staat selbst hinter der ganzen Sache?», fragte ich nach.

Chinesische Hacker spionierten Tech-Konzern jahrelang aus

Mutmaßlich chinesische Hacker haben laut einem Zeitungsbericht über viele Jahre ausgiebigen Zugang zum Computersystem des Telekom-Ausrüsters Nortel gehabt. Dank sieben gestohlener Passwörter von Top-Managern habe es für die Eindringlinge bei Nortel kaum Geheimnisse gegeben.

http://www.sueddeutsche.de/digital/telekom-ausruester-nortel-chinesische-hacker-spionierten-tech-konzern-jahrelang-aus-1.1283497

«Schwer zu sagen, zumindest jemanden, der hochprofessionell arbeitet. Wir haben einige IP-Adressen (Internet-Protokoll-Adressen) der Angreifer. Vielleicht kannst du sie ja mit denen vergleichen, die euch bei den Angriffen auf euer Behördennetz aufgefallen sind. Sie zeigen zwar nach China, was aber – und das wissen wir ja beide – noch nichts bedeutet.»

«Wenn ihr noch mehr Einzelheiten über den Angriff in Erfahrung gebracht habt, wäre ich dir für die Ergebnisse dankbar», fügte ich hinzu.

«Mach ich.» Bevor Gerd Klein auflegte, betonte er nochmals die Vertraulichkeit dieser Informationen, da sie bei Bekanntwerden empfindlichen Einfluss auf den Aktienkurs der IsAG nehmen könnten. Denn schon in Kürze sollte ein neues Produkt der IsAG auf den Markt kommen – eine Weltneuheit.

Wenig später erhielt ich eine verschlüsselte E-Mail mit den IP-Adressen von Gerd Klein. Sie waren bisher nicht bekannt. Die Erfahrungen des IsAG-Konzerns reihen sich aber nahtlos in die anderer Unternehmen ein. 2012 schien das Jahr der *targeted attacks*, der «gezielten IT-Angriffe» zu werden. Immer meh

Firmen berichteten davon, Opfer zielgerichteter Angriffe geworden zu sein, bei denen die Hacker in die Netzwerke einbrachen, ohne dass man etwas dagegen tun konnte.

Was wären Unternehmen ohne ihre IT? Oder anders formuliert: Wie abhängig sind moderne Unternehmen in Zeiten globalisierten Handelns? Sicherheit in Unternehmen lässt sich längst nicht mehr mit Wachschutz, Zäunen und Kameras gleichsetzen, sondern umfasst mittlerweile auch alle Felder der IT. Selbst in der Produktion, bis vor kurzem ein Ort, an dem fast ausschließlich Betriebssicherheit eine Rolle spielte, dringt IT-Sicherheit durch Programmierung, Wartung und Vernetzung immer tiefer in die Fertigungshallen ein.

Während meiner Tätigkeit im Bereich Wirtschaftsschutz konnte ich viele Unternehmen und verantwortliche Mitarbeiter kennenlernen. Der Verfassungsschutz bietet im Rahmen der präventiven Spionageabwehr einen vertrauensvollen Austausch mit der Wirtschaft an. Im Laufe der letzten Jahre entschlossen sich immer mehr Unternehmen zu einer Sicherheitspartnerschaft mit diesem staatlichen Bereich. Bezeichnenderweise stellten wir dabei fest, dass es heute kaum mehr Sicherheitsvorfälle in Firmen gibt, die ohne IT-Bezug stattfinden. Im Gegenteil. Und weil elektronische Angriffe auf Unternehmen in einem großen Umfang zunahmen, entschlossen wir uns, einen eigenen Arbeitsbereich zu eröffnen, der sich ausschließlich mit dem Phänomen «elektronische Angriffe» beschäftigen sollte. Am 11. April 2013 kündigte dann auch der bayerische Innenminister Joachim Herrmann in einer Regierungserklärung vor dem Bayerischen Parlament die Gründung eines Cyber-Allianz-Zentrums an, um den erkennbaren Gefahren entgegenzuwirken und einen Ansprechpartner für Betriebe zu institutionalisieren.

Computersysteme durchdringen Firmen also sowohl in der Produktion als auch im Büroalltag. Computergestützte Forschung und Entwicklung, automatisierte Industrieanlagen in der Produktion, Office-IT für Mitarbeiter und Management, Vertriebswege über das Internet und, nicht zu vergessen, das moderne Gebäudemanagement. Der wohl prominenteste Angriff auf Industrieanlagen war der Computerwurm Stuxnet. Dabei handelte es sich um einen Computerschädling, der für eine Siemens Simatic Steuerungssoftware geschrieben wurde und einen Prozess veränderte, der für die Gesamtproduktion verantwortlich war. Der Fall wird später noch einmal aus geheimdienstlicher Sicht beleuchtet. Was er jedoch zeigt, ist, wie abhängig Unternehmen von ihrer IT sind.

Bewusste Manipulationen in der Produktionsumgebung können gravierende Auswirkungen auf das Endprodukt haben. Ein gezielter Angriff könnte sogar dazu benutzt werden, um ein Produkt absichtlich mit Sicherheitsmängeln zu versehen. Gerät das produzierende Unternehmen dann zusehends unter öffentlichen Druck, senkt sich womöglich der Aktienkurs so weit, bis sich eine feindliche Übernahme lohnt. Das Problem für die Verantwortlichen dabei ist, dass sich Maschinen und Anlagen zu immer intelligenteren Systemverbänden entwickeln, die aufgrund der heterogenen Zusammenstellung und immer höheren Komplexität auch immer schwieriger zu kontrollieren sind. Mit anderen Worten: Eine solche Attacke könnte wahrscheinlich kaum verhindert werden – und liegt derzeit auf dem Silbertablett für die Angreifer bereit.

In einem besonders schwerwiegenden Fall eines Technologieunternehmens äußerte sich der IT-Sicherheitschef mir gegenüber mit den Worten: «Wir können das betroffene System nicht vom Netz nehmen, weil wir nicht wissen, welche Auswirkungen das auf unser Gesamtnetz hätte. Es ist zu komplex.» Die Abhängigkeit ist mittlerweile so weit vorangeschritten, dass Unternehmen vielleicht nicht ständig, aber zumindest in Einzelfällen lieber am Tropf eines korrumpierten Systems hängen, als den Schaden einer Abschaltung in Kauf zu nehmen.

Nicht nur Maschinen, sondern auch moderne Kommunikationsmittel werden für Firmen mehr und mehr wichtig. In Konzernen wird global gehandelt, Mitarbeiter agieren entsprechend und reisen in alle Teile der Welt. Das hat massiven Einfluss auf die Daten der Firmen, da diese ebenfalls den Weg um den Erdball nehmen. Im Gegensatz zu früher, als unternehmensrelevante Informationen noch zentral in Archiven abgelegt waren, werden sie heute in Bruchteilen von Sekunden um den Erdball versandt. Und dabei können sie prinzipiell von jedem, der die Daten transportiert, gelesen werden, zumindest solange sie nicht verschlüsselt sind. Seit dem NSA-Skandal ist das auch einer breiten Öffentlichkeit bewusst.

Da Konzerne kommunizieren müssen, spielt die Vertraulichkeit häufig eine untergeordnete Rolle. Von leitenden Mitarbeitern wird zudem erwartet, dass sie auch außerhalb der Arbeitszeiten mit Smartphone und Laptop zur Verfügung stehen und Projektfragen schnellstmöglich beantworten können. Deshalb versuchen Unternehmen den Spagat zwischen möglichst hoher Verfügbarkeit der Daten und Offenheit der Netze auf der einen und einem möglichst hohen Maß an Netzwerk- und Datensicherheit auf der anderen Seite. Das Ganze zu möglichst geringen Kosten. Dass dieses Konstrukt *nicht* funktioniert, zeigen die zahlreichen enttarnten Hackerangriffe auf die deutsche Industrie.

Die IT-Abhängigkeit betrifft nicht nur Know-how-trächtige oder produzierende Gewerbe, sondern ebenso Unternehmen, die eine kritische Infrastruktur betreiben oder Dienstleistungen anbieten. Dass auch sie Opfer gezielter Attacken werden, zeigt etwa der Angriff auf die US-Börse Nasdaq, der im Februar 2011 bekannt wurde. Ermittler des FBI und des Militärnachrichtendienstes NSA (National Security Agency) zogen den Versuch, sich finanzielle Vorteile zu verschaffen, in Betracht. Auch ging man davon aus, dass durch den Diebstahl von Geschäftsgeheimnissen die nationale Sicherheit der USA durch einen Eingriff in den Börsenhandel untergraben werden sollte.[3] Wenig später wurde auch der Weltwährungsfonds IWF Opfer eines «ausgeklügelten» und «sehr bedeutenden» Angriffs. Das Pikante an der Sache: Der IWF speichert in seinen Systemen zum Teil hochbrisante Informationen über die Finanzsituation verschiedener Länder. Über das Ausmaß des Angriffs wollte der Weltwährungsfonds keine Angaben machen. Die Arbeitsfähigkeit soll jedoch nicht beeinträchtigt gewesen sein.[4]

4

Ist der Staat eine digitale Festung?

30. November 2011 / 20.15 Uhr:
Nachrichtensprecher: «*Guten Abend, meine Damen und Herren. Ich begrüße Sie zur aktuellen* Brennpunkt-*Sendung. Cyberangriffe bedrohen Deutschlands Infrastruktur.*»
Die Kamera blendet hinüber zu einem anderen Sprecher: «*Frankfurt ist der größte und wichtigste Flughafen in Deutschland, täglich werden hier fast 150 000 Passagiere abgefertigt, und dieses Mal ist es weder ein Vulkanausbruch noch Glatteis, diesmal sorgt offenbar die Software beim Flughafenbetreiber Fraport für Chaos: Die Leuchten auf der Landebahn sind gestört. Ein kleiner Fehler mit verheerender Wirkung. Ohne die Landeleuchten, die sogenannte Befeuerung, wird es schwer für die Piloten, sicher zu landen, insbesondere bei schlechter Sicht. Nun soll es Störungen bei dieser Beleuchtung geben. Flughafenbetreiber Fraport war zu einer Stellungnahme nicht zu erreichen.*»
Erneute Einblendung des Nachrichtensprechers: «*Aber nicht allein der Frankfurt-am-Main-Airport droht lahmgelegt zu werden. Lautlos und anonym überraschen auch andere Cyberangriffe unser Land. Unkontrollierbares Chaos*

*droht. Die Sicherheitsbehörden warnen gezielt vor Daten-
attacken mit Viren, Trojanern und anderen Schadpro-
grammen auf Bereiche der nationalen kritischen Infrastrukturen. Erste Erkenntnisse deuten darauf hin, dass
insbesondere Versorgungs- und Verkehrseinrichtungen sowie der Behörden- und Finanzsektor Ziel der Angriffe sind.
In der Einsatzzentrale des BBK laufen die Drähte heiß. Der
Gesamtlagebericht meldet bundesweite Angriffe auf diverse
Computersysteme im Land.»*

*Eine Liveschaltung zeigt einen anderen Sprecher: «Chaos
auch bei Banken und Sparkassen. Nachdem es in den vergangenen Tagen immer wieder zu falschen Abbuchungen
bei Kartenzahlungen gekommen war, haben die Geldinsti-
tute heute komplett die Bezahlung mit EC-Karten eingestellt. Mehrere Internetseiten großer deutscher Banken sollen gehackt worden sein, betroffen ist auch die Deutsche
Bank, räumt Pressesprecher Achim Katzberg ein.*

*Achim Katzberg: Es ist etwas manipuliert worden auf unse-
rer Homepage. Die Ursachenanalyse läuft derzeit noch. Im
Moment gehen wir davon aus, dass lediglich die Oberfläche
der Homepage manipuliert ist.»*

Zum Glück wurde dieser *Brennpunkt* bisher nicht gesendet.
Zumindest nicht offiziell, einzig in der Radio-Sendereihe «Feature» auf SWR2 am 4. April 2012.[5] Der imaginäre Bericht zeigt
das Szenario, in dem mit über 2500 Teilnehmern der Staat den
Ernstfall probt, denn der steht in einer besonderen Abhängigkeit zu Computersystemen. Er muss gegenüber seinen Bürgern
garantieren können, dass die ihm anvertrauten Daten sicher vor
unbefugtem Zugriff geschützt sind. Darüber hinaus benötigt er
zur Aufgabenerfüllung ebenso wie Unternehmen eigene IT-

Ist der Staat eine digitale Festung?

Strukturen. Im staatlichen Bereich gibt es neben den zu schützenden Daten seiner Bürger spezielles schützenswertes Wissen: politische Strategien, Wirtschafts- und Finanzdaten, militärisches Geheimwissen, nachrichtendienstliche Erkenntnisse, polizeiliche Ermittlungsverfahren, um nur einige zu nennen. Im urbanen Millennium sind auch Städte als Zentren der Macht besonderen Risiken ausgesetzt. Wer moderne Gesellschaften angreifen will, greift deshalb Städte an. Um ihre Sicherheit gewährleisten zu können, ist der Staat gezwungen, Daten zu erheben, zu speichern und im Sinne der Sicherheit zu verarbeiten. Ohne funktionierende Computersysteme ist diese nicht zu gewährleisten.

Ein funktionierender Staat ist also unabdingbar auf eine staatliche IT-Infrastruktur angewiesen. Sie wird weiterhin zur Aufrechterhaltung des Gesundheitswesens, von Ernährung, Notfall- und Rettungswesen, von Katastrophenschutz, Parlament und Regierung, von öffentlicher Verwaltung, Justizeinrichtungen, Finanz- und Versicherungswesen, Medien und Kulturgütern benötigt. Als Basis dazu dient eine problemlos ablaufende Energieversorgung, eine ebenso perfekte Informations- und Kommunikationstechnologie, weiterhin müssen Transport und Verkehr in Gang bleiben, auch darf es keine Schwierigkeiten bei der (Trink-)Wasserversorgung und Abwasserentsorgung geben.[6] All das sind Dinge, die ohne Computer längst nicht mehr klappen würden.

Doch wie verwundbar ist der Staat? Halten die digitalen Festungen und Wassergräben hartnäckigen und länger anhaltenden Angriffen stand? Welche Auswirkungen hätte ein massiver Cyber-Angriff? Solche Fragen der Widerstandskraft versucht man mit regelmäßigen länderübergreifenden Krisenmanagementübungen, sogenannten LÜKEX-Übungen, zu beleuchten.

2011 wurde ein landesweiter Cyber-Angriff geprobt. Bundes-innenminister Hans-Peter Friedrich bezeichnete die Übung als dringend notwendig. Sein damaliges Statement unterstreicht die staatliche Abhängigkeit: «Widerstandsfähige Infrastruktu-ren und ein sicheres, verfügbares, intaktes und vertrauliches Internet sind eine Lebensader unserer vernetzten Welt. Vor diesem Hintergrund sehe ich größere IT-Ausfälle, insbeson-dere aufgrund von Cyber-Attacken, als eine große Gefahr für Deutschland.»[7] Nach Ablauf der Übung machte er auch auf Missstände aufmerksam: «Die LÜKEX 2011 hat gezeigt, dass nationale IT-Bedrohungs- und Gefahrenlagen, wie in anderen Bereichen der Gefahrenabwehr auch, nur im Verbund der Be-teiligten erfolgreich abgewehrt werden können. Hier sehe ich in der Bund-Länder-Kooperation, zum Beispiel durch den lan-desweiten Aufbau von Computer-Notfallteams (CERTs), bei den Akteuren Verbesserungspotenzial.»[8]

Übungen sind das eine, Tatsachen das andere: Regierungs-netze werden täglich angegriffen. Ebenso wie private PCs und die von Unternehmen. Darüber hinaus werden im Bundesbe-hördennetz pro Tag circa fünf Angriffe festgestellt, die als An-griffe mit geheimdienstlichem Hintergrund eingestuft werden. Diese Attacken werden registriert, weil man im Bundesamt für Sicherheit in der Informationstechnik (BSI) ein eigenes Er-kennungssystem für Schadsoftware betreibt. Insider sprechen untereinander nur vom «Sensor». Dieser Sensor wurde entwi-ckelt, als man 2007 eine Reihe von Hackerangriffen auf das Re-gierungsnetzwerk ausgemacht hatte. Das System wirkt, nach-dem sämtliche Sicherheitsmechanismen von Trojanern und Würmern überwunden wurden, zusätzlich. Was man durch diesen Filter aus den Netzwerken herausfischt, wird vom Bun-desamt für Verfassungsschutz einer nachrichtendienstlichen

Ist der Staat eine digitale Festung?

Bewertung unterzogen. Die entdeckten Hacker machen dabei leider weder an Landesgrenzen halt, noch beschränken sie sich auf nationale Netze. Am 23. März 2011 berichtete die BBC über einen schwerwiegenden Hackerangriff auf die EU-Kommission. «Wir sind häufig Opfer von Cyber-Angriffen, aber dieser war ein richtig großer», erklärte ein Insider. Hinter vorgehaltener Hand gehen Experten noch einen Schritt weiter: *«Too big to be protected* – zu groß, um sie zu beschützen», so lautet der lapidare Grund eines Sicherheitsverantwortlichen der Europäischen Union für offenbar zu geringe Sicherheitsmechanismen. Inzwischen gibt es auf EU-Ebene eine eigene Cyber-Sicherheitsstrategie, um derartigen Gefahren gegenüber in Zukunft besser aufgestellt zu sein. In Deutschland existiert diese Strategie bereits seit 2011.

Operation «Roter Oktober»: Massive Cyberspionage aufgedeckt

Die Sicherheitsexperten der Kaspersky Labs haben offenbar einen massiven Fall von Cyberspionage aufgedeckt. Seit geschätzten fünf Jahren wurden dabei Rechnernetzwerke von diplomatischen Vertretungen, Regierungs- und Handelsorganisationen, Energie-Konzernen sowie Einrichtungen der Forschung, der Luftfahrt und des Militärs infiltriert

http://www.heise.de/security/meldung/Operation-Roter-Oktober-Massive-Cyberspionage-aufgedeckt-1783457.html

Bei aller Betroffenheit und Abhängigkeit in und von Unternehmen, Behörden oder Organisationen, mit denen ich in den letzten zehn Jahren während meiner Zeit bei Nachrichtendiensten zu tun hatte, darf eines nicht vergessen werden: Die Nachrichtendienste selbst sind in erheblichem Umfang von den Entwicklungen der IT betroffen und in ihrem täglichen Erfolg auf sie angewiesen.

Wie alle Nutzer legten auch sie ihr Augenmerk auf Verfügbarkeit und Integrität der IT-Systeme. Deshalb spielten Computer bis vor wenigen Jahren innerhalb der Sicherheitsbehörden genau dieselbe untergeordnete Rolle wie in Unternehmen. Es gab einzelne IT-Abteilungen, die für den Betrieb und die Sicherheit der zur Aufgabenerfüllung notwendigen IT-Systeme nötig waren, sieht man einmal von der Abteilung für technische Aufklärung des Bundesnachrichtendiensts ab. Heute ist das anders. Die Entwicklung hin zu einem digitalen Alltagsleben hat vor den Nachrichtendiensten nicht haltgemacht. Viele der Themen, mit denen sich Nachrichtendienste beschäftigen, haben einen IT-Bezug: Extremisten beispielsweise bedienen sich elektronischer Methoden wie DDoS-Attacken (Nichtverfügbarkeit eines Dienstes), Website-Manipulationen oder gezielter Angriffe, um Computer bestimmter Personen, Unternehmen oder Organisationen auszuschalten oder zu manipulieren. So machen sie auf ihre Sache aufmerksam oder verleihen ihr Nachdruck. Radikalisierungen finden, wie im Fall des norwegischen rechtsextremen Massenmörders Anders Breivik, im Netz oft isoliert und ohne soziale Kontrolle statt. Islamische Gotteskrieger legitimieren bereits seit mehr als zehn Jahren Hacking als Instrument des Dschihad und sehen auch die virtuelle Netzwelt als Kriegsschauplatz – mit Ausgang in die reale Welt. Die Spionageabwehr kämpft spätestens seit 2005 mit elektronischen Angriffen fremder Nachrichtendienste.

IT-Kompetenz ist schon lange nicht mehr nur in den IT-Abteilungen gefragt, sie ist unabdingbar geworden. Leider ist sie in Anbetracht der Herausforderungen noch viel zu wenig vorhanden. Das gilt nicht nur für Nachrichtendienste, sondern auch für Polizeibehörden. Dort treten kaum noch Delikte auf, bei denen nicht in irgendeiner Form IT eine Rolle spielt. Was es folglich braucht, sind gut ausgebildete Mitarbeiter. Kein leichtes Unterfangen, in Anbetracht der rasend schnellen Entwicklungen im digitalen Zeitalter. Möchte ein Unternehmen ein «Cyber»-Delikt zur Anzeige bringen, so wendet es sich an die jeweils zuständige Polizeiinspektion. Das gilt ebenso für Privatpersonen. Die Beamten sind mit Sachverhalten wie einem gehackten Rechner, Datenklau oder mit modernen Erpressungsversuchen durch Lahmlegung des Internetauftritts häufig überfordert, da Expertenwissen fehlt. Aus- und Fortbildungen sind schwierig, da dem extrem hohen Innovationstempo bürokratisch lange Phasen des Zusammentragens von Wissen und des Erstellens von Lehrplänen bis hin zu fertigen Ausbildungsinhalten entgegenstehen. Bis der letzte Beamte in diesen Fragen erstmalig geschult wird, ist das zu tradierende Wissen schon wieder veraltet.

Es gibt noch einen weiteren Aspekt in Bezug auf Abhängigkeit von Computersystemen und Sicherheitsbehörden, der nicht unerwähnt bleiben sollte: das Big-Data-Problem. Big Data ist eines der großen Themen der letzten Jahre. Es bezeichnet die Tatsache, dass sich das Datenvolumen in einem Intervall von circa zwei Jahren verdoppelt. Durch die schon angesprochene Sensoren-Revolution werden so viele Daten erhoben, dass sie kaum mehr in Datenbanken verarbeitet werden können. Außerdem sind alle Teilnehmer der realen Welt «Sensoren» im Sinne der Informationsgewinnung, da sie ja unentwegt über die Vorkommnisse und Erfahrungen in ihrem Umfeld twittern, chatten, posten, fotografieren und filmen. Allein auf YouTube werden pro Minute rund zweiundsiebzig Stunden Videomaterial hochgeladen. Das Big-Data-Problem ist für Sicherheitsbehörden im Fall eines Terroranschlags von einer Stunde auf die andere existent. Es entstehen rasant schnell riesige Datenmengen, die es zu sortieren, ordnen und zu bewerten gilt. Jeder Betroffene, jeder Hinweisgeber, jeder Ratsuchende und jeder Beteiligte ist augenblicklich in der Lage, Nachrichten abzusetzen; die ganze Kommunikation unter den Behörden nicht eingerechnet. E-Mails kümmern sich dabei nicht um Besetztzeichen in der Leitung; sie fließen einfach und verstopfen Verbindungen. Das Problem der Massendaten kann so selbst zum Sicherheitsproblem avancieren.

Computersicherheit ist also für eine moderne Gesellschaft zu einer verwundbaren Stelle geworden. Dies bezieht sich nicht nur auf den Schutz vor Angriffen im Besonderen, sondern vielmehr auf die Sicherheit und Integrität von Computern im Allgemeinen. Eine Gesellschaft ist ferner in ihrem Rechtssystem auf sichere Computer angewiesen. Was aber, wenn Opfer beweisen müssen, dass sie unschuldig sind? Während eines Prozesses am Amtsgericht München wurde eine Rentnerin nach dem Prinzip der Störerhaftung zu einer Geldstrafe von 651,80 Euro verurteilt, da über ihre Internetprotokolladresse (IP) ein Hooligan-Video verbreitet wurde. Das Makabre an der Sache: Die pflegebedürftige Rentnerin hatte weder einen Router noch WLAN, noch überhaupt einen Computer. Ein Internetvertrag bestand einzig noch aus Gründen der Mindestlaufzeit.

Zwar wurde das Urteil im März 2012 durch das Landgericht

München aufgehoben, aber es zeigt eine riskante und in der Öffentlichkeit zu wenig diskutierte Entwicklung, nämlich eine Beweislastumkehr zulasten der Opfer. Denn es wird immer schwieriger, die eigene Unschuld zu belegen. Wir sind abhängig davon, einem IT-Gutachten Glauben zu schenken, obwohl der Rechner ebenso gehackt sein könnte. Qualifizierte Angreifer hinterlassen kaum Spuren. Gilt ein digitales Dokument als fälschungssicher, wird es bei einem späteren Gerichtsverfahren nicht als unsicher angezweifelt. Doch was, falls es doch Sicherheitslücken aufweist? Die gleiche Technologie, die uns bisher so hilfreich zur Seite stand, macht uns nun so verwundbar. US-Präsident Barack Obama nannte diesen Umstand in einer Rede am 29. Mai 2009 die große Ironie des Informationszeitalters.

Trojaner in angeblicher Google-Sicherheitswarnung

Das Anschreiben mit dem Absender «accounts-noreply@ google.com» behauptet, dass ein Hacker versucht habe, den Google-Account des Empfängers zu übernehmen. In dem fragwürdigen Zip-Anhang ist nach dem Entpacken eine Exe-Datei versteckt, mit deren Ausführung ein Trojaner auf dem PC eingeschleust wird.

http://www.pcwelt.de/news/Sicherheit-Trojaner-in-angeblicher-Google-Sicherheitswarnung-6548087.html

Gasexplosionen wie jene in San Francisco werden naturgemäß als Einzelfälle betrachtet, als eine regionale Angelegenheit. In Wahrheit sind Auswirkungen von Computerangriffen längst nicht mehr örtlich begrenzt, da Computer nicht mehr autark und alleinstehend sind. Das Internet der Dinge ist längst gängige Praxis, physikalische Welt und digitale verschmelzen zusehends. Manche Experten meinen, die «Cyber-Physical-Systems» seien die Entwicklungsstufe hin zu einer Rechnerallgegenwart.[9] Durch ihre Vernetzung ist ein Geflecht aus Venen, Arterien und lebenswichtigen Organen auf gesellschaftlicher Ebene entstanden. Unser Kreislaufsystem erweitert sich täglich durch neue Entwicklungen wie E-Mobility, Telemedizin oder Industrie 4.0. Strom ist, wie gesagt, das Blut, mit dem unser Alltag zum Leben erweckt wird. Und Computer steuern all das. Kleine Verletzungen kann solch ein Organismus verkraften, größere nur schwer. Ein Ausfall eines lebenswichtigen Organs bedeutet im schlimmsten Fall den Kollaps des Gesamtorganismus «Gesellschaft». Computersicherheit wirkt sich unmittelbar auf Persönlichkeitsrechte, Eigentum und Wohlstand und auf nicht weniger als unser gesamtes Rechtssystem aus.

5

Angriff aus dem Netz:
I love you – und schon ist man gehackt

Die ersten Computerviren quiekten noch lauthals als Fanfare durch den Mini-Lautsprecher des Computers oder liefen zuweilen als übergroßes Männchen – wie im Fall des Computervirus Walker – über den Bildschirm. Name war Programm, und – ja – manchmal hatten Virenprogrammierer Humor. Wenig später allerdings nahmen andere, weniger lustige Schadprogramme den Platz der umherlaufenden Männchen und der tönernen Fanfaren ein. Das Virus Spacers zum Beispiel infizierte nicht nur jedes ausführbare Programm des Betriebssystems Windows, sondern veränderte auch den Master Boot Record (MBR), also den Teil der Festplatte, der zum Starten des Rechners benötigt wird. Ohne eine Rettungsdiskette, die diesen Teil der Festplatte wiederherstellen konnte, waren die Daten in aller Regel verloren. Das war in den Neunzigern. Langsam schien man dann das Problem zu erkennen, zumindest kamen die ersten Antivirenhersteller mit Produkten wie Avira AntiVir auf den Markt. Eigentlich, so könnte man denken, wäre seitdem genug Zeit vergangen, um mit den Kinderkrankheiten des digitalen Zeitalters fertigzuwerden. Doch das Gegenteil war der Fall. Noch immer rennt die gesamte Computerbranche den Angreifern hinterher und behandelt IT-Sicherheit reaktiv.

Anfang der Jahrtausendwende lernten die Viren, sich selbst zu verbreiten. Das war die Geburtsstunde der Würmer. Einer der wohl bekanntesten unter ihnen war I love you – ein Wurm aus dem Jahr 2000. Das Besondere: Das Opfer wurde erstmalig dazu verleitet, auf den Anhang einer E-Mail zu klicken. Da Anwender in der Summe keine DAUs, also keine dümmsten anzunehmenden User sind, brauchen Angreifer eine Masche oder eine Erklärung, die es für das Opfer plausibel macht, den Anhang der E-Mail anzuklicken. I love you verwendete einen Trick. Der Wurm verbreitete sich über das Adressbuch des Betriebssystems. Das hieß: Jede E-Mail, die das Virus verschickte, sah für das Opfer so aus, als käme sie von einem Bekannten.

Ich erinnere mich noch gut, wie ein Freund damals erzählte, dass sich in seiner Firma die halbe Abteilung infizierte, weil eine Kollegin, scheinbar aus Versehen, einen Liebesbrief per E-Mail verschickt hatte. Dass diese E-Mail in Wirklichkeit nicht von ihr selbst geschrieben war und dass es sich um eine Taktik der Angreifer handelte, ahnte keiner. Auf diese perfide Weise infizierte das Virus innerhalb von nur vierundzwanzig Stunden etwa fünfundvierzig Millionen Rechner und richtete einen Schaden von geschätzten und unfassbaren 5,5 Milliarden US-Dollar an. I love you griff auf nahezu alle Daten des Systems zu und verseuchte sie.

Nur einen Sommer später, genau eine Woche nach dem Anschlag auf das World Trade Center in New York, machte erneut ein Schadprogramm von sich reden. Der Name des Wurms war Nimda, was der Rückwärtsschreibweise von Admin entspricht. Admin steht in der Computerwelt wiederum für Administrator, für den Benutzer mit allen Rechten am System. Nimda war extrem gefährlich, denn er nutzte neben dem Adressbuch, also dem Trick von I love you, bestehende Netzwerkfreigaben aus, um sich weiter zu verbreiten, sowie Sicherheitslücken in Microsofts Webserver. Mit dieser Form der Aggressivität schaffte es der Wurm, sich zum am schnellsten verbreitenden Wurm aller Zeiten zu entwickeln – und das nur zweiundzwanzig Minuten nach seinem Erscheinen. Allerdings hielt der zweifelhafte Rekord nur wenige Monate. Dann kam Slammer. Ein Wurm, der innerhalb weniger Minuten gleich so viele Computersysteme infizierte, dass der dabei erzeugte Netzwerkverkehr das Internet selbst verlangsamte.

Langsam schärfte sich das Bewusstsein der Anwender, I love you hatte dafür gesorgt. So einfach wie noch zu Beginn hatten es die Angreifer nicht mehr. Auf einen Betreff wie «I love you» fielen nur noch die wenigsten herein. Kreativität auf der noch jungen, aber dunklen Seite des Netzes war gefragt. Im Jahr 2007 wendete ein neuer Wurm namens Storm konsequenterweise einen simplen, jedoch weitergedachten effektiven Trick an: Wenn die Menschen nicht mehr auf eine bestimmte Betreffzeile hereinfallen, was ist näherliegend, als das starre Muster, nach dem sich Viren und Würmer enttarnen lassen, einfach zu variieren? Gedacht, gemacht. Storm veränderte immer wieder seinen Betreff, insgesamt über vierzigmal. Über zwanzigmal auch noch den Namen des Anhangs. In den ersten Betreffzeilen wies der Wurm auf den Hurrikan «Kyrill» und die anschließende Katastrophe in Europa hin, daher auch sein Name Storm. Es folgten E-Mails mit: «Saddam Hussein lebt» oder «230 Tote bei Sturm in Europa» oder «Russische Rakete durch China abgeschossen».

Storm war aber darüber hinaus noch aus einem anderen Grund ein Meilenstein unter den Schädlingen. Er gilt als einer der ersten Würmer, der die befallenen Rechner nicht nur infizierte, sondern in einen fernsteuerbaren Angriffscomputer verwandelte – natürlich ohne dass das Opfer etwas davon mitbekam. Ziel war es, möglichst viele dieser fernsteuerbaren Rechner zu generieren und sie dann mittels eines zentralen Servers zu lenken. Es entstand ein sogenanntes Roboternetz, kurz: Botnet. Mit Hilfe solcher automatisierter Botnets, die zum Teil mehrere Millionen Rechner groß sind, können auf einfachste Weise andere Systeme und ganze Infrastrukturen angegriffen und lahmgelegt werden.

Ein solches Botnet war 2007 das Tatmittel in einem ganz besonders spektakulären Fall, dem Angriff auf Estland. Tagelang blockierten damals Angreifer bei diesem bisher einzig bekannt gewordenen gezielten Cyber-Angriff ein ganzes Land, und zwar mit planmäßig gestarteten Attacken auf Banken, Parlament, Regierung, Rundfunkanstalten und andere Teilen des öffentlichen Lebens. Auslöser war die Entfernung eines russischen Kriegerdenkmals, was zu den stärksten Unruhen zwischen Esten und Russen nach Beendigung der russischen Besatzung führte. Die Auseinandersetzungen forderten über fünfzig Verletzte und einen Toten. Da die Internetangriffe zeitgleich mit den Ausschreitungen stattfanden und es starke nach Russland weisende Indizien gab, geht man heute noch von diesem ländermäßigen Zusammenhang aus. Ob staatliche Einrichtungen die Initiatoren der Angriffe waren oder ob russische patriotische Hackergruppierungen die Sache selbst in die Hand genommen hatten, ließ sich nie genau klären – und ist vielleicht aus Sicht der Opfer auch nicht das Wesentliche. Wichtig war, zu sehen, dass man als technikaffines Land angreifbar war – es braucht nur eine Gruppe, die das will, also ein Interesse hat. In internationalen Kreisen kursiert das Gerücht, dass sich ein russischer Cyber-Sicherheitsexperte während einer offiziellen

USA-Reise und nach etwas zu viel Whiskey (!) zu vorgerückter Stunde anlässlich eines Trinkspruchs für diesen Angriff entschuldigte.

2007 ging es am Rande einer Besprechung im Bundesnachrichtendienst um jene Vorkommnisse in Estland und um die verwendeten Botnetze. Außer mir waren zwei grauhaarige Herren der Abteilung für operative Beschaffung, ein Berater der präsidialen Stabsstelle sowie ein hochrangiger Mitarbeiter der Abteilung für technische Aufklärung (Abt. 2) anwesend. Der Mitarbeiter der Abteilung 2, Herr – nennen wir ihn Meier –, erläuterte den anderen Besprechungsteilnehmern, was geschieht, wenn ein Botnet angreift: «Sie müssen sich ein Computersystem wie eine Stadt vorstellen, die ringsherum von einem Wassergraben umgeben ist. Um mit der Außenwelt Kontakt aufzunehmen, gibt es jede Menge Brücken. Über diese Brücken gelangen Personen, also Daten, in die Stadt hinein und verlassen sie auch wieder.» Dabei malte er mit kreisender Bewegung eine Scheibe in die Luft, die die Stadt darstellen sollte. Mit der anderen versuchte er Brücken und Daten zu simulieren. Offenbar hatte er schon früher von diesem Bildnis Gebrauch gemacht, denn ich musste gestehen, dass seine Sätze die komplizierte Welt der Bits und Bytes auf ganz gute Weise veranschaulichten.

«Kommen nun zu viele Menschen in die Stadt, verstopfen sie die Straßen», erklärte Herr Meier weiter. «Drängen dann anhaltend immer mehr Menschen nach, entsteht irgendwann Panik, dann Chaos. Manchmal stürzen unter der Last der hereinströmenden Menschen sogar Brücken ein. Zuweilen nutzen Angreifer die Gunst der Stunde und versuchen im allgemeinen Durcheinander einen Spion einzuschleusen, der sich dann, einmal im Stadtkern angelangt, versteckt und fortan verdeckt seinen Dienst verrichtet. Erst nachdem sich die Verwirrung wieder gelegt hat, können die Brücken peu à peu geöffnet werden. So lange ist die Stadt von der Außenwelt abgeschnitten. Botnetze eignen sich hervorragend, um Städte in ein solches Chaos zu stürzen, denn sie sind in der Lage, mehrere Millionen Daten gleichzeitig gezielt und auf einmal über Brücken und damit auf Städte loszujagen.» Technisch gesehen nennt man das Ganze *Distributed Denial of Service*, kurz: eine DDoS-Attacke.

«Und wie kann man sich vor so etwas schützen?», fragte einer der Grauhaarigen.

«Durch breitere Brücken oder vorgelagerte Passkontrollen. Weiß man, wer kommt, kann man die Einreise verbieten. Allerdings braucht man dafür Sicherheitskräfte, sprich IT-Sicherheitsprodukte, wie zum Beispiel Firewalls und Intrusion Detection Systems (IDS), die die Eindringlinge als solche erkennen.»

Botnetze sind ganze Armeen von Computern, die auf ein Kommando hören. Natürlich verfolgt jeder Kommandeur über ein Ziel und betreibt seine Armeen nicht zum Spaß. Angriffe im Netz folgen *immer* einem Interesse. Sucht man den Angreifer, muss man also dem treibenden Interesse hinterherjagen. Dazu aber später mehr.

Der Angriff auf Estland hatte aber auch etwas Gutes. So erzählte mir die estnische Botschafterin Kaja Tael am Rande einer Veranstaltung: «In vielerlei Hinsicht haben uns die Angreifer sogar geholfen, das Problem unsicherer IT-Systeme zu erkennen und uns besser aufzustellen. Heute gibt es Notfallpläne und gesetzliche Verpflichtungen für Unternehmen, aber auch eine viel größere Bereitschaft zur Zusammenarbeit.» So gelten die Angriffe im Sinne der Abwehr als Meilenstein für die Cyber-Strategien der NATO, Europas sowie einzelner Länder.

«Insgesamt», meinte Kaja Tael weiter, «ist das Problem ein internationales, da die Angreifer naturgemäß nicht an den Landesgrenzen zu stoppen sind.» Damit schilderte sie ein besonderes Dilemma elektronischer Angriffe.

Seit 2010 haben sich Botnetze zu einem realen Geschäftsmodell weiterentwickelt. Wurden sie früher noch von ihren «Erschaffern» selbst verwendet, werden sie heute je nach Einsatzzweck gegen Geld weitervermietet. Moderne Arbeitsteilung auf der dunklen Seite des Netzes. Mit der Vermietung von Botnetzen wird laut Innenminister Friedrich gegenwärtig schon mehr Geld umgesetzt als mit Drogen. Geschätzt sollen das im Jahr 2011 immerhin 320 Milliarden gewesen sein. Wenn aber der Hammer, den man für den Einbruch benötigt, allein 320 Milliarden kostet, wie hoch muss dann das Diebesgut veranschlagt werden, das sich bei dem Einbruch erbeuten lässt, damit sich dieses Geschäftsmodell überhaupt lohnt?

Botnets: Die stille Gefahr im Internet

Immer mehr PCs werden von Hackern gekidnappt, zum Versand von Spam-Mails oder für Hackangriffe missbraucht. Die Computerbenutzer bekommen davon meist nichts mit. Doch die Netze gekaperter Computer stellen eine große Gefahr dar, besonders für Deutschland.

http://www.spiegel.de/netzwelt/web/botnets-die-stille-gefahr-im-internet-a-521508.html

Das Arglistige an Würmern, die Rechner in solche Zombiecomputer verwandeln, ist, dass die betroffenen Opfer gar nichts davon mitbekommen, da der Computer weiterhin ohne Murren seine tägliche Arbeit verrichtet. Er erhält quasi nur einen Nebenjob zusätzlich zu seiner eigentlichen Aufgabe. Damit sind Opfer nicht nur Opfer, sondern werden gleichzeitig zu Tätern. Was das in Bezug auf digitale Identität und Beweislastumkehr bedeuten könnte, haben wir bereits gesehen.

Das aus meiner Sicht Gruseligste: Botnetze existieren inzwischen in unvorstellbaren Größen. Eines der größten der Welt schlummert wie ein Ungetüm in einer Ecke des Internets und besteht aus etwa 1,5 Millionen infizierten Computern. Bisher wurde es noch nicht eingesetzt. Niemand weiß, wofür es gegründet wurde. Es existiert einfach und lässt sich nicht entschärfen. In seinem Buch *Worm* schildert der amerikanische Journalist Mark Bowden, wie er dem Wurm Conficker, diesem Ungeheuer, nachstellt und sich mit den Menschen unterhält, die seitdem versuchen, es im Käfig zu halten. Doch damit nicht genug. Laut Microsoft rangiert das Conficker-Botnetz derzeit nur auf Platz fünf der Liste der größten Botnetze der Welt. Nummer eins belegt der Wurm Clicker, der eine 6,3-Prozent-Infektionsrate aufweisen kann und der sich über das bloße Ansehen von Internetseiten auf die Opferrechner überträgt.

Das stellt ein enormes Problem dar, denn im Internet locken Millionen Webshops zum Stöbern, Lesen, Einkaufen und Downloaden. Wie kann ein Normalbürger dabei noch zwischen Online-Betrügern und modernen Kaufleuten unterscheiden? Zumal ja auch die Website ganz «normaler» Anbieter von Internetkriminellen gekapert werden, um darüber dann Schadprogramme zu verteilen. MSN-Nachrichten, *Spiegel Online*, Amazon, T-Mobile oder SPD, um nur einige wenige zu nennen. Was man tun kann, ist die Verwendung aktueller Sicherheitsprodukte wie Firewall und Virenschutz. Stolpert das

Angriff aus dem Netz: I love you – und schon ist man gehackt

Sicherheitsprodukt über eine schadhafte bekannte Datei, schlägt sie Alarm. Erkennt das Antivirenprogramm das Virus/ den Wurm/den Trojaner aber nicht, bleiben die Alarmsirenen stumm, der Computer wird befallen, und das Schadprogramm kann ungestört arbeiten.

Deshalb ist es auch so wichtig, ständig die aktuellsten Signaturlisten und Updates zu installieren. Nicht nur einmal in der Woche oder einmal am Tag, sondern jedes Mal, wenn der Computer ans Netz geht.

Die Masse der täglich neuen Schadprogramme wirkt beinahe surreal. Antivirenhersteller nennen Zahlen von um die 80 000 neue Programme *jeden Tag*. Bei meiner täglichen Arbeit treffe ich immer wieder auf Experten aus den Laboren von Antivirensoftware-Herstellern. Die Labore sind die Zentren, in denen fieberhaft versucht wird, neue Schadprogramme zu analysieren und zu bewerten. Die unglaubliche Summe von 80 000 Viren, Würmern und Trojanern entsteht durch verschiedene Derivate bereits bekannter Viren oder Würmer – zum Glück können sie meist maschinell ausgelesen werden. Tatsächlich aber kommen jeden Tag etwa drei bis fünf völlig neue, bisher unbekannte Schädlinge hinzu, die, solange sie nicht analysiert sind, die Zahl der infizierten Computer weiter nach oben treiben.

Neben den Viren und Würmern gibt es noch eine besondere Spezies, die sogenannten Trojaner. Sie sind ein sehr scharfes Angriffsschwert, und deren Unterschied zu den Viren und Würmern liegt darin, dass sie nicht wahllos über das Internet gestreut werden, sondern zielgerichtet gegen einzelne Opfer zum Einsatz gebracht werden. Benannt wurden die Schädlinge nach dem Trojanischen Pferd aus der griechischen Mythologie, da ihre Funktionsweise dem hölzernen Pferd vor den Toren Trojas gleicht. Damals, so die Geschichte, war Troja mit Gewalt nicht einzunehmen. Vor den Mauern der Stadt entschlossen sich die antiken Griechen deshalb zu einer List. Sie bauten ein riesiges hölzernes Pferd und versteckten im Innern griechische Soldaten. Das Pferd überbrachte man den Trojanern als Abschiedsgeschenk, anschließend täuschte man den Abzug der eigenen Truppen vor. Als die Trojaner das Pferd in das Innere der Stadt holten, ahnten sie nichts von dem, was geschehen würde. Im Schutz der Dunkelheit krochen die Soldaten aus ihrem Versteck, stürmten gegen die Trojaner und öffneten von innen die Tore der Stadt für die griechischen Truppen. Troja wurde besiegt.

Im Prinzip funktioniert ein EDV-Trojaner genauso. Dem Opfer wird beispielsweise eine E-Mail zum Geburtstag geschickt, mit einer Musikdatei oder Geburtstagskarte im Anhang. Oder man lädt sich ein kleines nützliches Programm aus dem Internet, ein Spiel beispielsweise – aber in Wahrheit wird der Computer zur Zielscheibe und infiltriert. Der Feind im harmlosen Programm. Das Musikstück wird abgespielt, die Karte angezeigt, das Spiel ausgeführt. Im Verborgenen öffnet der Trojaner eine Hintertür für den Angreifer zum System. Dieser kann fortan auf das System zugreifen und es manipulieren. Das bewusste Aussuchen und Angreifen bedeutet auch, dass sich der Täter intensiv mit dem Zielsystem auseinandersetzt. Dies ist wichtig, um nicht aufzufallen, schließlich will man sich den Zugang ja möglichst lange bewahren. Dazu gehört, den Schädling, den der Angreifer zu versenden beabsichtigt, gegen aktuelle Antivirenprogramme und IDS-Systeme zu testen. Erst wenn alle Sirenen verstummen und kein Sicherheitstool mehr reagiert, schlagen die Angreifer los. Ähnliches kennt man aus Kinofilmen, wenn sich Bankräuber im Vorfeld das gleiche Tresormodell wie in der Bank besorgen, monatelang trainieren und erst dann losziehen, wenn alles perfekt scheint.

Manchmal wirken Trojaner über Jahre hinweg, bevor sie entdeckt werden. In der Zwischenzeit manipulieren sie Systeme, lesen E-Mails mit und stehlen Daten. Eines der bekanntesten Beispiele ist der Trojaner Duqu. Er wurde im September 2011 entdeckt und inspiziert. Dabei bemerkten die Analysten, dass er bereits seit 2007 im Einsatz war. Gefunden wurde Duqu, der seinen Namen deshalb erhielt, weil er seinen erzeugten Dateien ein «~DQ» voranstellte, überwiegend auf Systemen im arabischen Raum. Das Erschreckende: Vier Jahre (!) lang konnten sich die Angreifer unentdeckt in den betroffenen Systemen bewegen, sie manipulieren und ausspionieren, ohne dass die Opfer etwas davon merkten.

Noch gezielter wirkte der Trojaner Flame, der sich als Microsoft Windows Update tarnte. Offiziell wurde er nur auf rund fünfzig Rechnern gefunden, was für einen sehr gezielten Spionageangriff spricht. Der Trojaner hatte sogar für den Fall, dass er gefunden wurde, eine Selbstzerstörungsfunktion eingebaut. Was sich sehr nach den Laboren von James Bonds «Q» anhört, war wahrscheinlich auch einem Nachrichtendienst zuzuordnen. Nur zum Spaß hat diese Trojaner niemand entwickelt und verschickt.

Den Trojaner, der wohl eine besondere Zäsur bedeutete, fand man wie Duqu ebenfalls im Nahen Osten. Im Frühjahr 2012 gelangten aus amerikanischen Regierungskreisen Informationen über die Geheimoperation «Olympic Games» an die Öffentlichkeit. Nicht offiziell, versteht sich. Dementiert wurde aber auch nicht. Gerüchten zufolge soll der amerikanische pensionierte Vier-Sterne-General James Cartwright die Operation geleitet haben. Dennoch, dieses Nichtdementieren hatte einen einzigartigen Charakter, da es sich bei «Olympic Games» um eine Angriffsoperation im Cyberspace handelte. Es ging um ein Virus, das entwickelt wurde, um Industrieanlagen zu sabotieren. Ein Virus, das bis dahin noch keinen Namen trug. Später sollte es auf den Namen Stuxnet getauft werden. Genau genommen bekannten sich sogar zwei Regierungen zu ihm. Denn offenbar war Israel Partner der gemeinsamen Operation.

Was war geschehen? Im Juni 2010 entdeckten Forscher eines weißrussischen IT-Sicherheitsdienstleisters ein neues Virus im Internet. Wie schon erwähnt, ist das für Sicherheitsexperten an und für sich nichts Besonderes, denn sie sind einiges gewöhnt. Doch dieses Virus war anders. Es tat etwas, von dem man bisher nur annahm, dass es möglich sei, was man aber noch nie in «freier Wildbahn» gesehen hatte. Ein Computerschädling, der Steuerungen infiziert. Steuerungen von Industrieanlagen, sogenannte Industrial Control Systems (ICS). Die Steuerung, die in diesem Fall angegriffen wurde, war eine der meistverwendeten der Welt: die Simatec S7 von Siemens. Ein sogenanntes SCADA-System. Mit seiner Hilfe kann so ziemlich alles gelenkt und dirigiert werden, was man sich vorstellen kann. Ampeln, Züge, Kläranlagen, Fabriken, Klimageräte – eben einfach alles.

Erstmalig gingen Angreifer also nicht mehr nur auf Daten, Dokumente und Geheimnisse los, sondern auf Maschinen und deren Steuerungen. Was bisher nur Sicherheitsexperten in Erwägung zogen und nach düsterem Science-Fiction klang, war plötzlich Realität. Hektisch versuchten die Fachleute in schnell eingerichteten Arbeitskreisen Antworten über Funktionsweisen und Schadenspotenzial des neuen Computervirus Stuxnet zu erfahren. Was machte dieses Virus aus, und wie wurde es übertragen? Die Antworten kamen nur langsam. Auch aus Deutschland, dem Land, in dem die SCADA-Systeme entwickelt wurden.

In einem ersten Treffen zwischen der Firma Siemens und den Vertretern der deutschen Sicherheitsbehörden im Oktober 2010 versuchte man Licht ins Dunkle zu bringen. Bei dieser ersten Runde wurden erst einmal alle Beteiligten auf einen gemeinsamen Stand gebracht: Wie sehen die ersten Analyseergebnisse aus, und was bedeutet Prozessüberwachung und Steuerung aus Sicht des Bundesamts für Informationstechnik? Allerdings wurde bei dem Treffen deutlich, dass es starken Optimierungsbedarf in Sachen Kommunikation zwischen den unterschiedlichen Akteuren Staat, Wirtschaft und Betreiber von Anlagen bedurfte. Fortan gab es eine eigens erstellte Kommunikationsmatrix als hilfreiches Instrument, um einen schnellen Überblick darüber zu erhalten, wer wann wo Ansprechpartner für wen ist. Wenn man so will, war diese Besprechung der erste Vorläufer für das spätere Nationale Cyber-Abwehrzentrum (NCAZ) in Bonn, das eine ständige Konferenz zu Themen dieser Art darstellt. Es war eine der Maßnahmen der Bundesregierung für eine verbesserte Kommunikation auf staatlicher Seite.

Was war das Ziel der Angreifer? Immerhin wurde eine hohe Infektionsrate im arabischen Raum festgestellt. Den Wirt des Virus vermutete man im Iran. Steuerungssysteme im Iran? Ging es hier um Atomanlagen? Und wer könnte dahinterstecken? Wenn man Iran hört und an mögliche Gegner denkt, ist man schnell bei den Vereinigten Staaten und Israel. Vielleicht war das sogar eine gemeinsame Sache zwischen den beiden Staaten und dem deutschen Konzern? Die Gerüchte überschlugen sich. Mühevoll wurde der Bauplan des Virus entschlüsselt. Was man sah, war erschreckend: Die Angreifer nutzten nicht nur eine unbekannte Schwachstelle in der Software aus, sondern gleich drei. Jede einzelne ist auf der dunklen Seite des Netzes ein Vermögen wert. Außerdem konnte sich das Virus mit einer Art offiziellem Ausweis als ein Treiber des Systems ausweisen. Diese Ausweise oder auch Zertifikate dienen der Sicherheit im Internet. Umstände, die schon damals auf einen professionellen Urheber schließen ließen. Außerdem war da noch die Frage, wie das Virus eigentlich in die Anlagen gelangen konnte, da diese nicht mit dem Internet verbunden waren. Wer war der Überträger des Virus? Am Ende stellte sich heraus: Es war das Service-Notebook der Wartungstechniker. Ein Angriff über mehrere Stufen.

Hacker legen Chinas Webzugang lahm

Zwei Stunden ging nahezu nichts mehr auf chinesischen Websites. Behörden sprechen vom größten Angriff auf Chinas Internet-Infrastruktur. Wer dahintersteckt, ist unklar.

http://www.zeit.de/digital/internet/2013-08/china-hacker-internet-angriff

Die Operation «Olympic Games» schien geglückt, und das Atomprogramm des Iran wurde verzögert. Wiederum nicht offiziell, versteht sich. Allerdings meldete die Internationale Atomenergie-Organisation (IAEO) im November 2010 ein plötzliches Aussetzen der Arbeiten in den iranischen Atomanlagen. Vieles spricht dafür, dass Stuxnet der Grund war. Jetzt offiziell teilte die Regierung in Teheran mit, dass man das Virus zwar in den Anlagen entdeckt hätte, aber noch vor seinem Wirken unschädlich machen konnte. Womit die Urheber nicht gerechnet hatten, war, dass sich der Schädling ungehindert weiterverbreitete, außer Kontrolle geriet und schließlich den Antivirenherstellern auf- und in die Hände fiel.

Wer diejenigen sind, die hinter Stuxnet stehen, ist nicht mehr die entscheidende Frage, sondern: Wer wird diese Angriffswaffe aus dem Code kopieren, verändern und gegen andere Ziele einsetzen, jetzt, wo er frei verfügbar ist?

Akteure im Rahmen internationaler Konflikte gibt es zuhauf, politisch Andersdenkende sowieso. Was folgt also nach Walking Man, Spacers, Nimba, I love you, Conficker, Flame und Stuxnet?

6

Anbahnungsoperationen im Netz
statt Wodka-Martini – die perfekte Hintertür

Weltweit haben Nachrichtendienste den Auftrag, nach geheimen Informationen zu suchen. Allerdings saugen sie dabei nicht nur Informationen auf, die sich durch die Luft bewegen, sondern sie suchen direkt auf unseren IT-Systemen nach spannenden Sachverhalten. Ein Beispiel: Interessiert sich ein Staat für die Pläne eines Kampfflugzeugs, sagen wir für die der neuen F-35, wird dessen Regierung die Nachrichtendienste beauftragen, die entsprechenden Informationen zu beschaffen. Und was liegt dabei näher, sich nicht nur auf die Fernmeldeaufklärung oder menschliche Quellen zu verlassen, sondern in die Computer der beteiligten Hersteller, in diesem Fall Lockheed Martin, einzudringen. Dabei geht es um Daten aus Regierungskreisen, aber auch um militärische Entwicklungen. Selbst nichtstaatliche Computer sind betroffen, denn auf ihnen lagert wertvolles Know-how deutscher Unternehmen. Dieses Know-how ist der größte deutsche Rohstoff und damit unser größtes Kapital. Forschung und Entwicklung sind teuer. Günstiger ist es, den Entwicklungsprozess abzukürzen und die Daten einfach zu kopieren.

Die Motivlage ist hier klar. Doch es gibt auch noch andere

Angreifer, die andere Interessen verfolgen, sich andere Opfer aussuchen. Und überhaupt: Warum greifen Täter Computer an und beschaffen sich gewünschte Informationen nicht auf andere Weise? Antworten auf diese Fragen könnten in ihrer Vielfalt nicht unterschiedlicher ausfallen:

- Weil sich fast alles angreifen lässt, wir unsere Feinde im Mark treffen können, weil es wenig kostet und von jedem Land der Welt aus machbar ist. So könnten Terroristen denken.
- Weil Unternehmen auf Computer angewiesen sind, um Geschäfte zu machen und wir sie mit dieser Verfügbarkeit erpressen können. Das kostet ebenso fast nichts und bringt Millionen. Außerdem fürchten Unternehmen den Imageschaden, wenn ein Angriff bekannt wird. Wir geben ihn gegen Entgelt nicht bekannt. So könnten Kriminelle denken.
- Weil das Know-how nicht nur in den Köpfen der Ingenieure liegt, sondern auch auf den Festplatten der Computer. Und Angriffe sind billiger, als selbst eine Technologie zu entwickeln. So könnten Konkurrenten denken.
- Weil auf Computern Daten lagern, die Machenschaften offenbaren. Computer sind schlecht geschützt, der Einbruch faktisch straffrei. So könnten Enthüller von Gruppierungen wie WikiLeaks denken.
- Weil es einfach ist, Unternehmen und Organisationen lahmzulegen und politische Gegner digital zu blamieren. So könnten Hacktivisten denken.
- Weil es geht, Spaß macht und nichts kostet. So könnten Gruppen wie LulzSec denken.
- Weil es spannend ist, etwas Verbotenes zu tun, es so einfach funktioniert und faktisch nicht bestraft wird. So könnten jugendliche Script-Kiddies denken.

Anbahnungsoperationen im Netz statt Wodka-Martini

- Weil man sich jede Menge Geld sparen kann, wenn man sich Dinge wie Parkscheine, Süßigkeiten an Automaten oder Strom im Keller erschleicht, es kinderleicht und über You-Tube zu erlernen ist. So könnten alle denken.
- Weil es unkompliziert ist, weil es keiner merkt und weil ich es verdient habe. So könnten Neider denken.
- Weil es im Rahmen meiner Möglichkeiten liegt und weil es jeder macht. So könnten Gelegenheitsdiebe denken.
- Und: Weil noch nie in der Geschichte der Menschheit ein einzelnes Wesen mit nur einem Werkzeug so viel Macht in der Hand hatte. So könnten Größenwahnsinnige denken.

So simpel, kurz, wahr und unterschiedlich könnten Erklärungen sein. Fest steht, dass es eine ganze Reihe sehr realistischer Motivationsgrundlagen gibt, auf der sich Angriffsszenarien aufbauen lassen.

Bei zwei Nachrichtendiensten, für die ich arbeitete, konnte ich einige Interessenlagen kennenlernen. Der Bundesnachrichtendienst beispielsweise hat ein Interesse an Informationen über ausländische Sachverhalte. Zu diesem Zweck beschafft er Hinweise, die für die Bundesrepublik von außen- und sicherheitspolitischem Interesse sind. Er fertigt Berichte, Analysen und Lageeinschätzungen an und stellt diese der Bundesregierung zur Verfügung.

Für die Gewinnung derartiger Informationen setzt der Bundesnachrichtendienst, wie im Übrigen alle Nachrichtendienste der Welt, auf die Auswertung offener und halboffener Quellen wie Zeitungen, Foren, Messen, Tagungen und dergleichen. In Nachrichtendienstkreisen nennt man das Open Source Intelligence, kurz OSINT. Darüber hinaus werden menschliche

Quellen herangezogen, um an Informationen zu gelangen, sogenannte Human Intelligence, kurz HUMINT.

Schließlich gibt es noch eine dritte Möglichkeit, die SIGINT-Variante. SIGINT steht dabei für «Signal Intelligence» und beschreibt die Informationsbeschaffung durch den Einsatz von Technik. Klassischerweise ist damit die Signalerfassung, also die Fernmeldeaufklärung gemeint. Abgehört wird dabei so ziemlich alles, was über Kabel, durch die Luft oder über Satellitenleitungen geht. Spätestens seit dem Juni 2013 ist den meisten interessierten Bürgern dieser Begriff nicht mehr fremd. Kaum ein Tag verging in jenem Sommer, ohne dass Neuigkeiten über den ehemaligen NSA-Mitarbeiter Edward Snowden und dessen Flucht quer über den Planeten in den Medien bekannt wurden. Snowden setzte sich zunächst nach Hongkong ab – was aus meiner Sicht kein Zufall war –, wo er in einem Hotelzimmer ausgewählten Journalisten in einem Interview ausführlich berichtete, was US-Dienste täglich abhören. Über den Umfang und die Qualität derartiger SIGINT-Operationen staunten selbst deutsche Regierungskreise nicht schlecht. Seitdem ist eine alte Diskussion mit neuen Inhalten über Freiheit und Sicherheit entbrannt.

SIGINT-Operationen umfassen aber nicht nur Fernmeldeaufklärung, sondern seit einigen Jahren noch zwei weitere Bereiche: Network-Exploitation und Network-Attack. Bei Exploitation geht es um das Ausnutzen von IT-Sicherheitslücken, um dadurch an gewünschte Informationen zu gelangen. Hinter diesen Operationen verbergen sich die in der Presse häufig zitierten APTs, die Advanced Persistent Threats. Die komplexen, zielgerichteten und effektiven Angriffe sind das schärfste Schwert der Nachrichtendienste. Network-Attack ist das dritte Derivat technischer Operationen und beschreibt das aktive Angreifen von IT-Systemen. Das wird in Deutschland nicht von den Nachrichtendiensten betrieben, sondern von der Bundeswehr geübt, um das nötige Know-how für effektive Verteidigung im Fall eines Angriffs zu generieren. Zugegebenermaßen ist der Übergang zwischen Network-Exploitation und Network-Attack fließend, da die Werkzeuge in vielen Fällen dieselben sind. Gerade deswegen ist es wichtig, solche Operationen einer ausführlichen rechtlichen Beurteilung im Vorfeld ihres Einsatzes zu unterziehen, um nicht gegen Freiheitsrechte von Bürgern oder gegen Befugnisse der Behörden zu verstoßen.

Dass auch andere Dienste Informationsgewinnung durch Hacking sowie durch das Versenden von Trojanern aktiv betreiben, ist spätestens seit dem Angriff auf Regierungsrechner im Vorfeld einer Chinareise der Bundeskanzlerin 2007 bekannt und bestätigt worden. Damals wurden E-Mails vermeintlich aus der Deutschen Botschaft in Peking an Unternehmen und Regierungseinrichtungen verschickt. Der Inhalt der E-Mail war in bestem Englisch formuliert und verwies auf eine geplante Veranstaltung. Der Anhang enthielt, unsichtbar für die Opfer, einen Trojaner. Klickte der Empfänger den Anhang an, wurde das System infiziert. Bei diesem breitangelegten Angriff wurden nicht nur Regierungssysteme attackiert, sondern auch Computer mittelständischer deutscher Unternehmen. Einem glücklichen Umstand zur Folge konnte er in den Details ausgemacht und die betroffenen Unternehmen informiert werden. Allein in Bayern waren damals über achtzig kleinere und mittelständische Know-how-Träger sowie Konzerne betroffen. Bei einer Informationsveranstaltung des Verfassungsschutzes wurden alle Betroffenen über diesen Vorfall in Kenntnis gesetzt. Wie viele Unternehmen den Angriff durch ihre IT-Sicherheit bemerkt hatten? Keines.

Während meiner Vorträge, die sich oft um das Thema Wirtschaftsspionage fremder Staaten drehten, wurde ich immer wieder gefragt, ob und wenn nein, warum Deutschland keine Wirtschaftsspionage betreibt. Die Antwort ist einfach: Weil es nicht zu den gesetzesmäßigen Aufgaben der Dienste zählt. Würden sie es dennoch tun, würden sie sich strafbar machen. Das würde kein Behördenleiter wissentlich zulassen. Freilich keimt die Frage nach einer aktiveren Rolle des Auslandsdiensts in der Beschaffung fremder Technologien von Zeit zu Zeit wieder auf, aber sie findet kein politisches Gehör. Lediglich der ehemalige Staatssekretär im Bundesinnenministerium, August Hanning, setzte sich für eine solche Aufgabenerweiterung ein. Politisch und praktisch blieb dieser Einsatz jedoch ergebnislos.

Allerdings mischen in dem Spiel der Informationsgewinnung nicht nur Auslandsnachrichtendienst und Bundeswehr mit, sondern ebenso die Polizei und die Verfassungsschutzbehörden. In besonderen Fällen ist der Staat befugt, in die Grundrechte seiner Bürger einzugreifen. Beispielsweise in das durch Artikel 10 des Grundgesetzes garantierte Post- und Fernmeldegeheimnis. Wann Nachrichtendienste das dürfen, ist im sogenannten G-10-Gesetz geregelt. Ich erwähne den Umstand deshalb so ausführlich, weil es später noch um die in der Öffentlichkeit geführte Diskussion um den Bundestrojaner gehen wird, also um ein staatliches Interesse an Informationen aus den eigenen Reihen.

In Gesprächen mit Vertretern anderer Nachrichtendienste wurde mir wieder und wieder bestätigt, dass man auch die Gefahr eines militärischen Angriffs auf Infrastrukturbetriebe und deren IT für ein realistisches Szenario hält. Darüber hinaus kann es staatliches Interesse sein, bereits in der Phase der Entwicklung von IT-Systemen Einfluss zu nehmen. Viele Chips werden in Sicherheitsprodukten verbaut. Würde man es schaffen, eine Hintertür einzubauen, stünde einem jederzeit ein Online-Zugang zur Verfügung.

Im Frühsommer des Jahres 2012 kam genau dieser Verdacht auf. Sergei Skorobogatov und Chris Woods, zwei Forscher von der Universität Cambridge, veröffentlichten eine undokumentierte Hintertür des Chipherstellers Actel/Microsemi in ihrem Hochsicherheitschip ProASIC®3 FPGA. Das Besondere: Actel/Microsemi wies im Vorfeld stets darauf hin, dass die Daten des Chips nachträglich nicht wieder ausgelesen werden können. Genau das machte den Chip für den Einsatz in besonders sicherheitsrelevanten Umgebungen geeignet. Die beiden Forscher waren dann verblüfft, dass sich die Daten sehr wohl erneut auslesen ließen – über einen ab Werk eingebauten Zugang. Actel/Microsemi relativierte den Fund des britischen Forscherteams und sprach von einem Feature für Entwickler, das jederzeit abschaltbar wäre.

Doch auch andere Hersteller waren betroffen. So alarmierte das Department of Homeland Security, das amerikanische Ministerium für Innere Sicherheit, die Betreiber kritischer Infrastruktur im Herbst 2012 über eine Hintertür in Netzwerkanlagen für Industrieanlagen, die überwiegend bei Kraftwerken und militärischen Einrichtungen zum Einsatz kommen. Diesmal waren es Geräte der Siemens-Tochter Ruggedcom, die extra für einen robusten Einsatz konzipiert waren.

2012 wurden solche Fälle nicht nur erstmalig bekannt, sondern auch öffentlich diskutiert. Damit wird eine generelle Frage offenbar: Wie sehr können wir eigentlich verbauten Komponenten vertrauen? Dieses Problem zieht sich von der Programmierung einer harmlosen App für das iPhone bis hin zu modernen Kampfflugzeugen. In Deutschland ist Datenschutzrecht ein hohes Gut. Doch was nützt es, wenn ein Fünfzehnjähriger in den USA im Keller eine App für das iPhone bastelt und dabei auf alle möglichen öffentlichen Programmbibliotheken zurückgreift, in deren allgemeinen Geschäftsbedingungen steht, dass die Daten der App komplett zur Verfügung gestellt werden müssen? Diesen jungen Mann kümmern deutsche Datenschutzrichtlinien herzlich wenig. Er möchte, dass sein Programm funktioniert. Und dabei handelt es sich nur um *einen* Entwickler. Wie gut kennen wir Systeme, bei denen Tausende Entwickler mehr als fünfzig Millionen Zeilen Code in ein Programm packen? Das Programm, von dem hier die Rede ist, kennen die meisten. Es handelt sich um Microsoft Windows XP aus dem Jahr 2001.

Zurück zu den Nachrichtendiensten. Für sie hat die Vorgehensweise «Cyber» einen besonderen Charme, denn einer der wichtigsten Bestandteile nachrichtendienstlicher Operationen ist die sogenannte Deniability, also die Möglichkeit, glaubhaft alles abstreiten zu können. Was früher – und auch heute noch – immer wieder zu politischen Verstimmungen führt, kann im Cyberspace jederzeit geleugnet werden. «*Wir* waren es nicht», lautet auch die Standardaussage Chinas, wenn das Land mit dem Vorwurf konfrontiert wird, andere Staaten über das Netz auszuspionieren. Das Gegenteil zu beweisen ist schwer. Im Februar 2013 legte die amerikanische IT-Sicherheitsfirma Mandiant einen aufsehenerregenden Bericht vor. In ihm führten die IT-Experten erstmalig den Nachweis, dass eine der weltweit bekanntesten Hackergruppen mit dem Namen APT1 entweder eine Einheit des chinesischen Militärs ist oder aber ihre Handlungen von der chinesischen Regierung geduldet werden. Die Analysten belegten, dass die Gruppierung seit 2006 systematisch Hunderte von Terabyte-Daten von mehr als 140 Unternehmen und Organisationen gestohlen hatte. Die Dunkelziffer dürfte weitaus höher liegen, denn in dem folgenden Fall waren die Angreifer ebenfalls APT1:

Ende 2011 bemerkte ein großer deutscher Technologiekonzern die Angreifer in seinem Netz. Der Leiter der IT meldete sich über einen gemeinsamen Bekannten bei mir. Viele Spuren deuteten nach China, doch Genaues konnte man nicht sagen. Auch nicht, nach was die Angreifer zu Beginn gesucht hatten, da sie ihr Diebesgut vor dem eigentlichen Versand über das Internet verschlüsselt auf den Opfersystemen abgelegt hatten. Was man fand, waren gepackte und verschlüsselte RAR-Container, prall gefüllt mit Daten, ähnlich wie ein Koffer mit einem Zahlenschloss, der zum Versand bereitsteht, in den man aber nicht hineinblicken kann. Sämtliche Bemühungen, das Schloss zu knacken, blieben erfolglos.

Da das Technologie-Unternehmen eine andere externe Firma mit dem Vorfall betraut hatte, war der Mandiant-Bericht folglich für alle neu. Zwar waren einige Details bereits vorher bekannt gewesen, allerdings war es das erste Mal, dass enttarnte Codes veröffentlicht wurden, die wir sofort an den «Koffern» ausprobierten. Und was niemand gedacht hätte: Wir hatten Glück, einer der Schlüssel passte. Ab diesem Zeitpunkt wusste das Unternehmen genauer, mit wem sie es zu tun hatten, offenbar keinem Geringeren als der Cyber-Einheit des chinesischen Militärs. Bereits eine Woche vor dem Mandiant-Bericht konnten wir ein Passwort, das für einen anderen Angriff verwendet wurde, enttarnen. Das Bezeichnende: Der Code war nach dem gleichen Muster aufgebaut. Das Opfer war wiederum ein Hightech-Unternehmen. Diesmal aus Norddeutschland.

Cyber-Einheiten wie die hier erwähnte fokussieren sich auf

die technische Ebene von Angriffen, die klassischen Beschaffungsmethoden von Nachrichtendiensten sehen etwas anders aus. Das Gefährliche ist allerdings eine Kombination beider Methoden.

Doch bevor ich tiefer in die Arbeitsweise des zweitältesten Gewerbes der Welt eintauche, kurz noch eine Anmerkung über die Begriffe «Nachrichtendienst» beziehungsweise «Geheimdienst», die in der Öffentlichkeit häufig vermischt werden. Geheimdienste arbeiten im Geheimen, also unkontrolliert von Parlament, Öffentlichkeit und Medien. Nachrichtendiensten hingegen sind die Mittel zur Nachrichtenbeschaffung genau vorgeschrieben, und sie unterliegen einer Kontrolle. Eine Abgrenzung ist zugegebenermaßen oft nach außen hin nicht präzise zu erkennen, wie im Fall des israelischen Mossad, dessen Tätigkeiten kaum durch Presse und Öffentlichkeit kontrolliert werden. Der russische Auslandsnachrichtendienst SWR (ehemals KGB) und der FSB, der russische Inlandsnachrichtendienst, gehören ebenfalls dazu. Sie sind alte Instrumente einer neuen Regierungsform. Ob die einer Demokratie entspricht, soll an dieser Stelle keine weitere Bewertung finden, sicher ist jedoch, dass die Dienste anderen, weniger öffentlichen Kontrollen unterliegen als die Deutschlands. Überhaupt: Ein Trennungsgebot zwischen Polizei und Nachrichtendiensten nach deutschem Vorbild gibt es in den meisten Ländern erst gar nicht. Nachrichtendienste wie der deutsche Bundesnachrichtendienst, die Verfassungsschutzbehörden des Bundes und der Bundesländer sowie der Militärische Abschirmdienst (MAD) unterliegen dieser öffentlichen Kontrolle und agieren unter engen gesetzlichen Vorgaben innerhalb ihrer zugewiesenen Zuständigkeit. Außerdem stehen sie aus geschichtlichen Gründen, gerade in Deutschland, unter einer ständigen und sehr genauen und kritischen Beobachtung der Medien. Das sollte man wissen, wenn in der Presse von Geheimdiensten die Rede ist.

Aber wie arbeiten Nachrichtendienste (und auch Geheimdienste)? Und warum haben sie solch großes Interesse an Cyber-Operationen?

«Schreiben Sie mal auf», rief der Ausbilder während meiner Anfangszeit beim Bundesnachrichtendienst. «Packen Sie einfach Ihre kriminelle Energie zusammen und überlegen Sie, wie Sie an geheime Informationen irgendwo auf der Welt herankommen könnten. Kein Vorgehen ist tabu. Schreiben Sie es auf die ausgeteilten Zettel. Anschließend pinnen wir hier alles an die Wand.»

Dr. Hasenclever war ein erfahrener Anbahner und Verbindungsführer. So nennt man die Mitarbeiter, die in der Abteilung für HUMINT-Operationen, also in der operativen Beschaffung eingesetzt werden. Er hatte einige Jahre im Ausland verbracht und eine Vielzahl von Operationen geleitet. Stets in einem guten Anzug gekleidet vermittelte er nun uns, den Neuen, seine Erfahrungen aus der langjährigen Tätigkeit. Wir überlegten in Dreier-Teams. Wie kommt man an geheime Informationen? Wohlgemerkt, wir befanden uns in den frühen Neunzigern, also noch weit weg von Handys, USB-Schnittstellen und DVDs. Die entsprechenden Informationen waren also überwiegend auf Papier, in irgendwelchen Akten oder in den Köpfen der Menschen gespeichert. Außerdem gab es Produktmuster, Prototypen, Anlagen oder Fabriken, die man fotografieren konnte. Und, so dachten wir, geheime Dinge werden auch irgendwie über Leitungen oder die Luft übertragen, wenn Menschen darüber reden. Dann müssten sie auch abhörbar sein, folgerten wir.

So beschrifteten wir einen Zettel nach dem anderen: «Einbrechen (Haus – Wohnung – Büro – Fabrik)», «Dokumente und Computer entwenden», «Dinge abfotografieren oder fotokopieren», «Abhören», «Menschen erpressen» oder «Einfach dumm fragen». Unser Ausbilder nahm für jeden Zettel eine Stecknadel und piekste das Papierstück an die Pinnwand. Die Zettel der anderen Gruppen pinnte er ebenfalls dazu. Ein Team hatte außerdem Vorgehensweisen wie «Müll durchwühlen» oder «Mitarbeiter unter falschen Tatsachen ausfragen» mit auf seinen Kärtchen stehen.

«Und jetzt nehme ich alle Zettel wieder von der Wand, auf denen Dinge stehen, die für uns als deutschen Nachrichtendienst unzulässig sind», sagte Dr. Hasenclever schließlich. «Wenn Sie nichts dagegen haben, stecke ich sie in einen Umschlag und schick ihn zu einer Ausbildungsgruppe in den Nahen Osten.»

Wir lachten.

«Sehen Sie hier», fuhr er fort, «Erpressen. Keine gute Idee. Klappt wahrscheinlich, ist trotzdem kein wirklich hervorragender Einfall. Nicht nur, dass Erpressung verboten ist, es ist auch keine fundamentale Basis für eine gute Zusammenarbeit, wenn man jemanden gegen seinen Willen oder unter Zwang um Hilfe bittet. Durch Erpressung oder auch mittels eines Kompromats zum Ziel zu kommen bringt höchstens kurzfristig Erfolg. Wir wollen jedoch Menschen gewinnen, die aus freien Stücken und gern mit uns kooperieren und nicht ständig darauf aus sind, sich zu rächen. Und zwar auf lange Sicht. Kompromate finden bei uns nicht statt.»

Er drehte sich wieder zur Pinnwand um: «Was haben wir hier noch? Aha, ‹Einbrechen›. Das ist eindeutig gesetzwidrig – weg damit. ‹Gewalt?› Wer hat denn das geschrieben? Am besten stecken wir denjenigen gleich in den Umschlag mit den Vorschlägen für den Nahen Osten dazu», scherzte unser Ausbilder.

So oder so ähnlich ging es weiter und weiter. Die meisten Zettel verschwanden von der Wand. Nur wenige blieben übrig, darunter auch welche von unserem Team: «Dinge abfotografieren oder fotokopieren», «Abhören», «fragen» («Einfach dumm» hatte er mit einem schwarzen Edding-Stift durchgestrichen), «Müll durchwühlen», «Mitarbeiter unter falschen Tatsachen ausfragen», «offene Informationen zu einem Bild zusammenfügen» und noch einige andere.

Im Anschluss, nach einer kurzen Pause, sollten wir uns überlegen, wie wir genau vorgehen wollten, um mit diesen Methoden an Informationen zu gelangen. Dazu ordnete Dr. Hasenclever jedem Zettel einen der drei Arbeitsweisen des Dienstes zu: HUMINT, SIGINT und OSINT.

Jedes Team bekam dann ein Thema und die dazugehörigen Zettel von der Pinnwand als Anhaltspunkte zurück. Unsere Gruppe sollte sich mit der Arbeitsweise HUMINT auseinandersetzen. Langsam wurde uns klar, was das Ziel dieses Unterrichts war. Dr. Hasenclever wollte uns dazu bringen, die Informationsbeschaffung detaillierter zu durchdenken und dabei kreativ zu sein. Wir sollten Abstand nehmen von alten Agentenklischees, von James-Bond-Filmen – und anfangen, wie echte Nachrichtendienstler zu denken. Vorstellungen von einer Yacht in der Karibik, auf der man stand, in einem schwarzen Frack, mit weißem Hemd und einer Fliege, in der Hand einen Wodka-Martini, sollten wir schleunigst vergessen. So sah und so sieht Nachrichtendienst nicht aus. Schnelle Autos, schöne Frauen, Fehlanzeige. Dafür einen Ford Mondeo in Behördenblau und ganz ohne elektrische Fensterheber und Zentralverriegelung sowie jede Menge Verwaltungskram. Unauffälligkeit und Normalität sind zwei Faktoren, die wesentlich und entscheidend für erfolgreiches operatives Arbeiten sind. Ideenreichtum und Kreativität, auch das sind gefragte Instrumente. Die operative Arbeit eines Nachrichtendienstlers bedeutet viel akribische und aufwendige Tüftelei, situatives Geschick und Improvisationskunst. Da müssen Hunderte kleiner Puzzleteile an Informationen, die in einzelnen Operationen von verschiedenen Akteuren beschafft wurden, von Analysten zu einem stimmigen Gesamtbild zusammengefügt werden. Daraus werden dann Lageberichte erstellt, die anschließend an die Bedarfsträger verteilt werden. Das ist schon eher Nachrichtendienst.

Wir sollten also versuchen, mit Hilfe des Einsatzes von menschlichen Quellen Informationen zu beschaffen. Aber wer waren überhaupt die Geheimnisträger? Diese Menschen mussten zuerst identifiziert werden. Allerdings, und das erschwert die Sache enorm, werden die Namen solcher Personen nicht gerade in irgendwelchen Listen gehandelt, in denen genau beschrieben steht, wer über welches Wissen verfügt und wer ihr Arbeitgeber ist. Wir überlegten, wie man dennoch an diese Informationen herankommen könnte. Man müsste die Fragestellung herumdrehen. Nicht: Wer ist Geheimnisträger, sondern: Welche Institutionen beschäftigen sich mit den interessanten Themen. Hat man herausgefunden, um welche Unternehmen oder Organisationen es sich handelt, hangelt man sich langsam sternförmig von diesem Zielobjekt weiter. Welche Beziehungen führen von diesem zu anderen Unternehmen, Organisationen oder Universitäten? Wie sieht es mit Zulieferern, Reinigungspersonal, Wirtschaftsprüfern, Beratern oder Studenten aus? Werden vielleicht Praktika im Zielobjekt angeboten, könnte man sich eventuell sogar bewerben? Welche Konkurrenzunternehmen gibt es? Wie ist die Umgebung des Zielobjekts? Welche Lokale liegen um die Ecke? Gibt es Restaurants, in denen Mitarbeiter täglich zu Mittag essen oder sich nach der Arbeit auf ein Bier treffen?

Führen diese Nachforschungen vom Zielobjekt zu Zielpersonen, müssen diese wiederum genau zugeordnet werden: Wo im Unternehmen sind sie tätig? Für was sind sie verantwortlich, und an welchen Projekten arbeiteten sie gerade? Anschließend wären so viele personenbezogene Informationen wie möglich zu sammeln, um beurteilen zu können, ob sich eine «Anbahnungsoperation» überhaupt lohnt oder nicht. Ist die Zielperson ansprechbar, ist sie belastbar, wie sind ihre genauen Zugänge, kann man sie regelmäßig treffen, steht sie eventuell im Fokus einer gegnerischen Sicherheitsabteilung? Wird sie vielleicht sogar überwacht? Fragen über Fragen.

Wir hielten es also für angebracht, zunächst einen Fragenkatalog zu erstellen. Im nächsten Schritt ging der Spaß aber erst richtig los. Wie sollte man an so eine Zielperson überhaupt herankommen? Über ein sogenanntes Kennverhältnis? Und wenn ja, woher hätte man dieses. Eine Kontaktperson? Im Urlaub vielleicht? Oder auf einem Kongress? Auf einer Geschäftsreise, abends, scheinbar zufällig an der Bar? Oder gab man sich selbst als Journalist oder Firmeninhaber eines Mitbewerbers aus? Wie würde man das Vertrauen der Person gewinnen können? Oder vielleicht doch ganz offen und direkt ansprechen? In Nachrichtendienstkreisen nennt man das Klarsprache.

Und was dann? Würde die Person einer Mitarbeit überhaupt zustimmen, oder würde sie zu ihrem Arbeitgeber laufen und sich offenbaren? Und wenn sie zustimmt, was, wenn sie eines

Tages enttarnt würde? Wie gefährlich konnte es für denjenigen oder dessen Familie werden? Würde es das Risiko überhaupt wert sein? Und welche Konsequenzen hätte eine Enttarnung für die Bundesrepublik?

Was ich zeigen will, ist, wie viel Aufwand hinter jeder einzelnen Anbahnungsoperation steckt. Oft dauert es Tage, Wochen oder Monate, bis man genügend Mosaiksteinchen zusammenhat, um überhaupt starten zu können. Da liegt es nahe, die brisanten Informationen, wenn sie denn auf Computern gespeichert sind, dort kopieren zu wollen.

Was für eine unglaubliche Abkürzung! Man könnte ohne die ganzen Unwägbarkeiten unmittelbar an die Informationen gelangen – fast wie ein Wurmloch in der Astrophysik. Und aufgrund schlechter Softwareprodukte, mangelnder Sicherheit und des laxen Umgangs mit Computern wäre das quasi ein Kinderspiel. Mit dem Einzug digitaler Systeme ins Privatleben und in den Berufsalltag konnte man plötzlich das Wissen der Geheimnis- und Entscheidungsträger anzapfen, ohne dass sie davon etwas erfuhren.

Die weiteren Vorteile liegen natürlich auf der Hand. Die Informationen, die Geheimdienste durch diese Operationen erhalten, sind unverfälscht und original. Sie müssen nicht weiter interpretiert werden. Die Zielperson muss nicht gefragt werden, ob sie einer «Zusammenarbeit» zustimmt. Und wird eine Cyber-Operation enttarnt, kann man sich entspannt zurücklehnen und behaupten, man sei es nicht gewesen.

Sollte man dennoch eine reine HUMINT-Operation anstreben, bietet das digitale Zeitalter auch hierfür einige Vorzüge. Das geht los mit der Vorbereitung. Allein die Bereitschaft vieler Menschen, unzählige Informationen über sich ins Netz zu stellen, ist für Nachrichtendienste eine Quelle ewiger Freude. Was früher oft nur durch monatelange Recherchen, Befragungen, Observationen und Tipps von anderen Quellen herauszufinden war, ist heute mit etwas Glück mit nur wenigen Mausklicks zusammentragbar. Viele dieser persönlichen Informationen über Arbeitgeber, Projekte, Freunde, Urlaubs- und Geschäftsreisen werden von Menschen bereitwillig in sozialen Netzwerken preisgegeben, insbesondere wenn das Netzwerk dazu gedacht ist, anderen Mitgliedern ein möglichst genaues Bild über die eigene Person zu liefern. Die Krux liegt darin, dass der Mehrwert für den Nutzer eben genau durch die Preisgabe dieser Informationen gesteigert wird.

Würde man beispielsweise einen Systemadministrator in Erfurt suchen, erhielte man mit der Google-Eingabe *site:xing.com inurl:profile intext:Systemadministrator AND Erfurt* in 0,12 Sekunden immerhin etwa achtzig Treffer. Es suchen aber nicht nur mögliche Arbeitgeber nach diesen Informationen. Im Rahmen einer Evaluation der Hochschule Augsburg im Jahr 2012 zum Awareness-Grad von Mitarbeitern in Unternehmen konnte durch die Verknüpfung verschiedener Inhalte von sozialen Netzwerken herausgefunden werden, wo eine Führungskraft eines Unternehmens wohnt, wann sie normalerweise ihr Haus verlässt und welche Hobbys sie hat. Über das Netzwerk XING war zusätzlich ein Twitter-Profil verlinkt. Dort fiel auf, dass diese Person eine Reihe von Koordinaten ihrer Fahrradtouren hochgeladen hatte. Das genauere Betrachten der Koordinaten zeigte, dass die Touren immer am selben Punkt starteten beziehungsweise endeten. Da sich der in einer Ortschaft befand, ließ sich daraus schließen, dass dies der Wohnort der Person war. Falls die Touren zusätzlich regelmäßig stattfinden, könnte ein Angreifer daraus ableiten, wie der Tagesablauf der Person aussieht, und sogar, wann sie außer Haus

ist.[10] Auf diese Weise findet man genauso Chemiker mit Aus-
landserfahrung, Spezialisten für Programmierung von Indus-
trieanlangen usw.

Was für Nachrichtendienste noch besser ist: Über behut-
sam aufgebaute fiktive Personen und Identitäten innerhalb des
Netzes können Freundschaften geknüpft und Beziehungen zu
realen Zielpersonen aufgebaut werden, die für eine spätere Anbahnungsoperation Gold wert sind. Und ist eine Anbahnungsoperation tatsächlich geglückt, muss ein dauerhafter Kommu-
nikationsweg zwischen den Beteiligten installiert werden. Das
Gleiche gilt für eigene Mitarbeiter, wenn diese getarnt über
Jahre oder Jahrzehnte im Ausland arbeiten.

Früher wurden solche Informationen entweder während
eines persönlichen Treffs zwischen Quelle und Verbindungsführer oder über abgesprochene Wege ausgetauscht beziehungsweise übergeben. War kein Treffen möglich, weil die
Quelle nicht reisen konnte oder aber andere Gründe dagegen
sprachen, wurden Ablageorte oder sogenannte tote Briefkästen
genutzt. An einer bestimmten Stelle wurde ein Zeichen vereinbart, als Signal dafür, dass es entweder etwas zum Abholen gab
oder der Briefkasten geleert wurde. Ein mit Kreide gezogener
Strich zum Beispiel, sehr analog. Agentenfunk war ebenfalls
ein Verfahren, über das weltweit Anweisungen verschickt werden konnten. Auf einer vorher definierten Frequenz sendete
der Nachrichtendienst chiffrierte Nachrichten. Nur mit dem
dazugehörigen Schlüssel konnte man die Nachrichten dechif-
frieren. Der jeweilige Agent konnte sich dazu in Ruhe einen
Ort suchen, an dem er mittels eines gewöhnlichen Kurzwellen-
empfängers die Nachrichten mitschrieb und anschließend ent-
schlüsselte.

Die Verfahren von früher existieren zum Teil noch heute,

aber darüber hinaus gibt es längst digitale Varianten der analogen Methoden. So flog 2006 ein solches digitales Verfahren des MI6 auf, des britischen Auslandsnachrichtendienstes, dessen Spione in einem Moskauer Park einen Stein versteckten. Das Brisante: Der Stein war nicht nur ein Stein, sondern ein elektronischer Ablageort. Die Technik war wasserfest im Innern des Steins platziert. Agenten konnten mit ihren Laptops an dem Stein vorbeispazieren, während im Hintergrund die Daten an den vermeintlichen Stein übertragen wurden. Wenig später lief dann ein britischer Diplomat vorbei und rief die Informationen auf gleiche Weise wieder ab. Allerdings schien es Schwierigkeiten mit dem digitalen toten Briefkasten gegeben zu haben, da er immer wieder zu Wartungsarbeiten abgeholt werden musste. Irgendwie bemerkte das die russische Spionageabwehr und deckte das Gesamtverfahren auf – nicht sofort, da man sich durch die Beobachtung des Fundorts Aufschluss über mögliche Agenten erhoffte, dafür etwas später, aber mit großer medialer Wirkung. Konsequenterweise wurde ein Ring britischer Spione ausgehoben und das Fundstück stolz im Moskauer Fernsehen präsentiert. Der Westen stritt natürlich alles als russische Propaganda ab. Sechs Jahre später folgte dann doch noch das Eingeständnis. Jonathan Powell, ehemaliger Bürochef von Tony Blair, bestätigte die Benutzung des Steins durch den Auslandsnachrichtendienst in einer BBC-Dokumentation. Wahrscheinlich, so Powell, hatten die Russen schon länger Kenntnis von dem Stein und haben gewartet, bis ein geeigneter Moment kam, in dem sie politischen Nutzen aus der Veröffentlichung ziehen konnten. Sehr peinlich sei das alles gewesen.

Pläne von Drohnen-Videosystemen, Jets und Raketenabwehranlagen ausgehorcht

Schon Anfang Mai meldete die Nachrichtenagentur Bloomberg, dass chinesische Hacker mindestens seit dem Jahr 2007 gezielt amerikanische Rüstungsfirmen ausspionieren und so Militärgeheimnisse erfahren haben müssen. So sollen neben den Bauplänen der Kampfjets F-35 und F-22 Raptor auch Pläne von Raketenabwehrsystemen, neuen Kriegsschiffen, Drohnen-Videosystemen und weiteren Kampfjets ausspioniert worden sein.

http://www.heise.de/security/meldung/Plaene-von-Drohnen-Videosystemen-Jets-und-Raketenabwehranlagen-ausgehorcht-1871350.html

Auch im Fall des 2010 enttarnten russischen Spionagerings in den USA mit der berühmt gewordenen Anna Chapman – auch als «Agentin 00Sex» bekannt – waren jede Menge digitale Helfer bei der Agentenführung im Spiel gewesen. So trafen sich die Beteiligten mit ihren Verbindungspersonen nie direkt, sondern hielten sich nur in der Nähe voneinander auf. Den Rest erledigte ein WLAN-Reichweitenverstärker, der den Kontakt zwischen den Agenten herstellte. Wie das FBI dokumentierte, saß die Russin Anna Chapman einmal im New Yorker Theaterviertel in einem Starbucks Coffeeshop und arbeitete an ihrem Laptop, während ein entfernt geparkter Minivan die Daten in Empfang nahm. Ein anderes Mal nahm sie in einem Barnes-&-Noble-Buchladen im West Village von Manhattan Platz, während sich ein russischer Regierungsangestellter draußen aufhielt. Über ein privates WiFi-Netzwerk wurden die Daten ausgetauscht.

Auf diese Art und Weise lassen sich Nachrichtendienste immer wieder Tricks und Kniffe einfallen, und die digitale Technik hilft ihnen dabei. Insgesamt betrachtet, war die Ausgangslage für Nachrichtendienste also traumhaft. Moderne Kommunikationsmittel gewannen langsam an Bedeutung und fanden immer weitere Verbreitung. Insbesondere bei Geschäftsleuten. Dabei war das Sicherheitsbewusstsein zum Teil noch gar nicht vorhanden. Menschen plauderten über das Mobiltelefon über intime Details von Verhandlungen, Strategien oder Projekten, ohne auch nur im Ansatz damit zu rechnen, dass die Gespräche abgehört werden könnten. CD-ROMs als Gastgeschenk mit einer Firmenpräsentation oder einem nützlichen Programm wurden, ohne groß nachzudenken, eingelegt und installiert.

Das wirklich Gefährliche – auch heute noch – ist, wie gesagt, die Kombination beider Methoden, also die herkömmlichen Anbahnungsoperationen aus dem HUMINT-Bereich gepaart mit einem technischen Angriff. Das funktioniert fast immer – und schützen kann man sich kaum.

Eine besondere Geschichte eines befreundeten europäischen Nachrichtendiensts ist mir dabei in guter Erinnerung und zeigt, wie solche Operationen aufgebaut sein können:

Im Sommer 2007 stellte ein europäisches Unternehmen ein Leck in ihren IT-Systemen fest. Offenbar war es Angreifern gelungen, sich in das System des Konzerns zu hacken, sich dort in aller Ruhe umzuschauen und wertvolle Daten zu kopieren. Mit welchem Aufwand die Angreifer handelten, erstaunte uns und die europäischen Kollegen nicht schlecht.

Was circa drei Monate zuvor geschah: Madeleine Albers verabschiedete sich von ihrem Boss, dem Geschäftsführer eines

Londoner Planungsbüros. Es war spät geworden nach den Verhandlungen mit den russischen Delegationspartnern, und sie war froh, nach Hause zu kommen. Für die Zweiunddreißigjährige war diese Hektik in ihrem Leben dennoch eine willkommene Abwechslung zu dem recht tristen Alltag gewesen, den sie die letzten Monate in ihrem Büro tagein, tagaus durchlebte. Richtig aufgeblüht sah sie aus, trotz des ganzen Stress und des Zweitjobs, den sie nebenbei immer noch hatte, aber sie versuchte langsam wieder herunterzufahren.

Madeleine Albers war Fremdsprachensekretärin. Es war vor einem halben Jahr gewesen, als sie sich entschloss, nebenbei einen Übersetzungsservice anzubieten, um wenigstens sprachlich etwas gefordert zu werden. Sie arbeitete zwar damals schon für das Planungsbüro, allerdings war der Job, den sie angenommen hatte, eine Notlösung, um sich im teuren London über Wasser zu halten. Und er war in ihren Augen wahnsinnig langweilig. Doch damit war es nun Gott sei Dank vorbei.

Bei einer Betriebsfeier hatte sie zufällig neben dem Assistenten des Geschäftsführers gesessen. Als dieser erwähnte, dass die derzeitige Sekretärin des Bosses in zwei Monaten in Mutterschutz gehen würde, überlegte sie nicht lange und bewarb sich prompt in der nächsten Woche für den Posten – und hatte Glück. Sie wurde genommen. Fortan war es vorbei mit den tristen Nachmittagen, an denen sie sehnlichst darauf wartete, bis sie nach Hause gehen durfte. Den Kunden ihres Übersetzungsdienstes teilte sie per E-Mail mit, dass sie aufgrund einer beruflichen Veränderung leider kaum mehr zur Verfügung stand. Hin und wieder erledigte sie wegen der sehr guten Bezahlung dennoch den einen oder anderen Übersetzungswunsch.

Was Madeleine nicht wusste, war, dass man es ganz gezielt auf ihren Arbeitgeber abgesehen hatte und der Übersetzungsauftrag nur vorgeschoben war. So erhielt sie eine Auftragsanfrage mit der Bitte um kurze Rückmeldung, ob sie den Auftrag annehmen würde. Die in Aussicht gestellte Bezahlung war aufgrund der Dringlichkeit sehr hoch. Madeleine öffnete das angehängte Dokument auf ihrem Firmenlaptop, um sich einen kurzen Überblick zu verschaffen. Allerdings waren es zu viele Seiten und zu fachspezifisch. Sie lehnte den Auftrag ab. Seitdem hatte sie nichts mehr von den Auftraggebern gehört. Dieses eine Mal Anklicken des angehängten Dokuments hatte den Angreifern genügt, um sich in das System zu hacken. Die Angreifer hatten ein Vertrauensverhältnis zu ihrer Zielperson geschaffen und nutzten dieses später mit technischen Mitteln aus, denn eigentlich ging es ihnen um Personalakten, Planungs- und Kundendaten; keineswegs um Madeleine Albers.

Auch im Bereich der technischen Aufklärung (SIGINT) hat sich in den vergangenen Jahren einiges verändert. In der klassischen Fernmeldeaufklärung werden Informationen abgefangen, die als gesprochenes Wort oder als Daten über die Leitungen oder die Luft – also per Satellit oder Radiowellen – übertragen werden. Die wahre Herausforderung bei der Fernmeldeaufklärung liegt in der Auswertung der anfallenden Massendaten. Eines der wohl bekanntesten Aufklärungssysteme ist Echelon, das gemeinsam von den USA, Großbritannien, Australien, Neuseeland und Kanada betrieben wurde. Echelon war eines der größten zusammenhängenden Abhörsysteme der Welt, dessen Existenz bereits in den Siebzigern vermutet, das spätestens aber seit 1997 mit einem Bericht für das Europäische Parlament, dem sogenannten STOA-Bericht[11], öffentlich diskutiert wurde. «Der Verfasser der Studie stellte darin die Behauptung auf, dass innerhalb Europas sämtliche Kommunikation via

E-Mail, Telefon und Fax von der National Security Agency (NSA) routinemäßig abgehört wird.»[12] Außerdem behauptete der Verfasser, dass Echelon nicht nur als Abhörsystem gegen den Osten, sondern ebenso zum Zwecke der Wirtschaftsspionage eingesetzt wurde. Das Europäische Parlament beschloss daraufhin im Juli 2000, einen nichtständigen Ausschuss über das Echelon-System einzusetzen. Als Begründung führte das Europäische Parlament eine bemerkenswerte Aussage an: «Mögliche Gefährdungen für Privatsphäre und Wirtschaft durch ein System vom Typ ECHELON gehen aber nicht nur davon aus, dass es ein besonders starkes Überwachungssystem ist. Vielmehr kommt hinzu, dass es im weitgehend rechtsfreien Raum agiert. Ein Abhörsystem für internationale Kommunikation zielt meistens nicht auf die Bewohner des eigenen Landes. Der Abgehörte verfügt dann als Ausländer über keinerlei innerstaatlichen Rechtsschutz. Das Individuum ist diesem System daher völlig ausgeliefert. Die parlamentarische Kontrolle ist in diesem Bereich ebenfalls unzulänglich, da die Wähler, die davon ausgehen, dass es nicht sie, sondern ‹nur› Personen im Ausland trifft, kein besonderes Interesse daran haben und die Gewählten in erster Linie die Interessen ihrer Wähler verfolgen. So ist es auch nicht verwunderlich, dass die im US-amerikanischen Kongress stattgefundenen Anhörungen zur Tätigkeit der NSA sich lediglich um die Frage drehen, ob auch US-amerikanische Bürger davon betroffen seien, die Existenz eines solchen Systems an sich aber nicht weiter Anstoß erregt. Umso wichtiger erscheint es, sich auf europäischer Ebene damit auseinanderzusetzen.»[13] Erstaunlich übrigens, wie die damalige Diskussion der um PRISM und Co. ähnelt.

Das amerikanische *Wall Street Journal* berichtete im März 2007 über eine interessante Aussage des ehemaligen CIA-Direktors James Woolsey, als er auf Echelon und die europäische Untersuchung angesprochen sowie nach einer möglichen Ausspähung europäischer Firmen durch US-Behörden gefragt wurde. Sinngemäß antwortete er: «Es ist wahr, meine kontinentalen Freunde, wir haben euch ausspioniert, weil ihr bestecht und wir nicht. Wir durchsuchen mit Hilfe von Computern Datenströme nach Schlüsselwörtern.» Allerdings, so Woolsey weiter, würde die USA nicht nach Technologien suchen, sondern nach Hinweisen auf Bestechungsversuche.[14]

Der Punkt ist, dass Telekommunikation weltweit abhörbar ist und abgehört wird. Nicht nur von den USA, sondern beinahe von jedem Land der Welt. Die Frage ist also nicht, *ob*, sondern *wer* E-Mails, Faxe, SMS, Telefonate und andere Kommunikationswege nach interessanten Dingen durchforstet. Ob eines fehlenden Rechtsschutzes entscheidet sich die Frage häufig nach dem Interesse und nicht nach der Möglichkeit. Während die Behörden in Deutschland strengen gesetzlichen Vorgaben unterworfen sind, reicht im Ausland oft schon eine wirtschaftliche Geschäftsbeziehung, um die Kommunikation im Gastland abzuhören. Einen Richter oder eine Kommission braucht es für diesen Eingriff nicht.

Nachrichtendienste versuchen also an Informationen heranzukommen, die für das Land von Interesse sind, sei es politischer, militärischer oder wirtschaftlicher Natur. Darüber hinaus gibt es aber weitere nachrichtendienstliche Operationen, wie das Einschleusen sogenannter Schläfer. Das sind Angehörige eines Geheimdiensts, die ins Zielland geschleust werden. Dort versuchen sie bestimmte Stellungen einzunehmen und sich als ganz normale Bürger zu verhalten. Bis zu dem Zeitpunkt, an dem sie ein fest vereinbartes Signal erhalten. Dann werden sie aktiv. Im digitalen Raum nennt man solche Schläfer «logische Bomben». Sie sind ein Teil eines Programmcodes und setzen beispielsweise bei Erhalt eines vordefinierten Signals bestimmte Sicherheitssysteme außer Kraft. Der bereits erwähnte Richard Clarke berichtete in seinem Buch *World Wide War* über logische Bomben, die US-Behörden innerhalb des Gasversorgungsnetzes gefunden hatten. Also über Programme, die hinterlegt wurden, um zu einem bestimmten Zeitpunkt initiativ zu werden. Ein schauderhaftes Szenario und eine perfekte Waffe.

Es ist naheliegend, dass Länder versuchen, in Friedenszeiten Zugang zu Systemen zu erhalten, um Hintertüren einzubauen oder eventuell logische Bomben zu platzieren. Das sind langfristige Pläne, deren Umsetzung glücklicherweise eine langfristige Unterstützung benötigt. Ein Umstand, der in der schnelllebigen Politik selten geworden ist und somit häufig Militärs überlassen bleibt. Die sind wiederum keine Zivilisten, sie tun sich schwer mit langfristigen HUMINT-Operationen. In der Gesamtschau bleiben diese Argumente jedoch nur ein schwacher Trost, denn dass solche Bestrebungen stattfinden, kann immer wieder beobachtet werden. Andere Erklärungen für Diebstähle von Anlagen zur Energieversorgung oder von Projektplänen von SCADA-Steuerungssystemen – wie im Fall von Telvent – gibt es kaum.

Telvent, ein kanadischer IT-Dienstleister, Netzausrüster und Bestandteil von Schneider Electric, informierte seine Kunden im Herbst 2012 darüber, dass es unbekannten Angreifern gelungen sei, in ihr Netzwerk einzudringen und Projektdateien zu stehlen, die in Verbindung zu einer Steuerungsplattform von Strom- und Gasnetzen stehen. Angreifer verwenden gern diesen Trick: Sie gehen über die Projektmitarbeiter, da sie wiederum sehr häufig direkten Online-Zugang zu den Netzen der

Kunden haben. Gerade im Bereich der Anlagensteuerung behalten die Softwarehersteller zu Wartungszwecken weiterhin Zugriff auf die Maschinen, Roboter und Produktionsanlagen. Eine Schwachstelle, die mittlerweile immer öfter ausgenutzt wird. Als logische Konsequenz kappte Telvent vorübergehend alle bestehenden Verbindungen zu ihren Kunden, um die Gefahr einer weiteren Infektion zu reduzieren.

Wenn man im Fall Telvent den gedanklichen Rückwärtsgang einlegt und einen staatlichen Angriff ausschließt, welches Interesse bleibt dann noch? Kriminelle Machenschaften vielleicht. Sie werden von monetärem Interesse getrieben, das heißt, mit einem Angriff muss sich Geld verdienen lassen. Die Angreifer könnten demnach versucht haben, Telvent zu erpressen oder, was noch sehr viel lukrativer erscheint, sich einen Zugang oder eine Softwarelücke bei einem Betreiber kritischer Infrastruktur beschafft zu haben, um ihn zu gegebener Zeit meistbietend zu versteigern. Stehlen auf Vorrat sozusagen.

7

Al Capone virtuell

«Millionen-Diebstahl: So erbeuteten Hacker weltweit 45 Millionen Dollar.» – «34 Millionen Euro-Diebstahl – Wer sind die Bankräuber aus New York?» Kriminelle folgen in aller Regel bei ihren Aktivitäten einem einzigen Ziel, nämlich dem des Geldverdienens.[15] Viel Geld, wenn möglich. Am besten mit nur einem großen Coup. Anscheinend ist genau das einer Gruppe von Angreifern um die Jahreswende 2012/2013 gelungen, wie es die Schlagzeilen der Boulevardpresse suggerierten: In einer gutgeplanten Aktion gelang es den Betrügern, innerhalb kürzester Zeit einen der größten digitalen Raubzüge der Geschichte durchzuziehen. Sie kopierten Kreditkarten und erbeuteten während weniger Stunden allein im New Yorker Stadtteil Manhattan über 2,8 Millionen Dollar. Und das mit Hilfe ganz normaler Computer.

Vorausgegangen waren gezielte Hackerangriffe auf zwei Zahlungsabwickler Ende 2012 und Anfang 2013, bei denen Kreditkarteninformationen mitsamt Geheimnummern entwendet wurden. Im Anschluss manipulierten die Angreifer die Datensätze, indem sie das Limit der abzuhebenden Summe sowie die maximale Anzahl der täglichen Barabhebungen erhöhten. Die so gewonnenen Kreditkartendaten verschickten sie an Helfer überall auf der Welt, die wiederum mit Hilfe von Blankokarten neue Karten erstellten und sich dann auf den Weg zum nächsten Geldautomaten machten. Bei den gestohlenen Kreditkartendaten handelte es sich ausschließlich um Prepaid-Karten. Das sind Scheckkarten, deren Zahlungsabwicklung nicht auf Kredit-, sondern auf Guthabenbasis funktioniert. Der Vorteil: Sie sind bereits aufgeladen und von jedermann einsetzbar, also auch von Jugendlichen (die sonst keine Kreditkarte ausgestellt bekämen) oder von nicht kreditwürdigen Personen. Botschaften beispielsweise verteilen solche Karten mitunter als Soforthilfemaßnahme in Notsituationen. Das Problem: Das weltweite Kreditkartenunternehmen MasterCard verwendet für diese Karten noch immer das inzwischen als unsicher geltende Magnetstreifenverfahren. Und genau das haben die Täter ausgenutzt.

Auf den Überwachungskameras der Banken konnte man buchstäblich zusehen, wie sich die Rucksäcke der Helfer langsam füllten. Und zwar an 36 000 Geldautomaten in über zwanzig Staaten. Demnach waren viele Helfer nötig. Sieben von ihnen konnte man in New York verhaften. Noch kurz vor ihrer Festsetzung posteten sie Bilder von sich mit dicken Geldbündeln, Sportwagen und Luxusuhren im Netz. Auch in Deutschland wurden in einer Nacht in sieben Städten rund 1,8 Millionen Euro mit den gefälschten Karten abgehoben – und das, obwohl in Deutschland das Magnetstreifenverfahren gar nicht mehr zum Einsatz kommt. Mit einer Ausnahme, nämlich den veralteten Prepaid-Kreditkarten. *Das sicherste System ist eben nur so gut wie seine schwächste Stelle.* Diese altbekannte Wahrheit nutzen Angreifer immer wieder aus.

Die enormen Summen und das generalstabsmäßige Vorgehen erinnern mehr an den legendären Postraub in England von

1963 als an eine Gruppe digitaler Nerds, die fernab des Geschehens auf ihren Tastaturen klimpern. Aber handelt es sich wirklich um Räuber? Nicht im eigentlichen Sinne, denn im Netz passiert nichts mit vorgehaltener Waffe und Strumpfmaske über dem Kopf. Das ist ja das Perfide am Hacken. Es geschieht gewaltfrei, von irgendeinem Fleck der Erde aus und ohne großes Aufsehen. Ohne Waffen, ohne die Angst in den Augen der Opfer und ohne die Szenerie oder den Tatort real betreten zu müssen. An die eigentlichen Hintermänner solcher Angriffe kommt man selten, so auch bei dem Cyber-Raub 2012/2013.

Dabei war das Vorgehen kein brillanter Einfall, sondern bestenfalls eine fünf Jahre alte Kopie eines bereits durchgeführten Coups. Schon 2008 konnten kriminelle Betrüger auf die exakt gleiche Weise 9,5 Millionen US-Dollar an rund 2000 Geldautomaten abheben. Was die Hintermänner angeht, hatte man damals mehr Glück gehabt. Zumindest bei einem. Im August 2010 gelang es den amerikanischen Behörden, den Russen Vladislav Anatolievich Horohorin zu verhaften. Der Russe war kein unbeschriebenes Blatt. In der Szene galt er als einer der Kreditkartenkönige im Untergrund. Unter dem Pseudonym «BadB» verhöhnte der Freizeitcartoonist mit kleinen YouTube-Werbevideos schon seit einiger Zeit die US-Regierung und das amerikanische Bankensystem. In einem der Zeichentrickfilme ließ er die damalige Außenministerin Condoleezza Rice in Ohnmacht fallen, als sie den Betrug bemerkte, und George W. Bush gab sich gleich die Kugel.

Als BadB Frankreich, genauer gesagt Nizza, in Richtung Moskau verlassen wollte, überraschte ihn beim Betreten des Flugzeugs ein Sonderkommando, bestehend aus FBI, dem amerikanischen Secret Service sowie den entsprechenden französischen Behörden, und verhaftete ihn. Fast zwei Jahre später, im

Juni 2012, wurde er an die USA ausgeliefert und vor Gericht gestellt. Das Interessante an dem Gerichtsverfahren ist, dass man Horohorin nicht nur den Millionenraub zur Last legte. Mit ihm hatte man nämlich auch einen der Hintermänner der dunkelsten Kreditkartenseiten des Internets verhaftet: Carder-Planet.com. Das FBI beobachtete BadB schon längere Zeit, wie er in Online-Foren rund um den Globus Kreditkartendaten verkaufte. Zum Zeitpunkt der Festnahme soll er über 2,5 Millionen Kreditkartendaten besessen haben. CarderPlanet.com wurde zu einer der bekanntesten Börsen für gestohlene Kreditkartendaten; sie war mit ihren Angeboten ebenso im Internet wie BadB mit seinem Video. Auf Bildern der Homepage waren Männer mit tief ins Gesicht gezogenen Hüten zu sehen. CarderPlanet präsentierte sich à la Al Capone und im Stil der zwanziger Jahre. Einer von den Männern posierte gar mit einer Pistole in der Hand, als wolle er das Verbotene der Website unterstreichen.

Die Seite von CarderPlanet wurde schnell zu einer konstanten Größe der digitalen Unterwelt. Dummerweise gelang es dem FBI jahrelang nicht, sie dauerhaft zu schließen. Wie so oft, wenn man internationale Phänomene mit nationalen Mitteln bekämpft, scheiterten die Ermittlern an Fristen und schwer umzusetzenden internationalen Rechtshilfeabkommen. Ähnlich wie wenn man Finanzströme verfolgen will, springt man auch bei Online-Tätern häufig von Land zu Land. Bis man den Ursprungsort gefunden hat, sind Spuren nicht selten Opfer von Löschfristen oder mangelnder Auskunftswilligkeit geworden. CarderPlanet jedenfalls warb ganz offen mit den verbotenen Kreditkartendaten. Die Anwälte von Horohorin behaupten bis heute, dass es sich bei ihrem Mandanten nicht um BadB handeln würde. Zwar würde Horohorin durchaus Leute aus der

Szene kennen, aber BadB sei er nicht. Ein weiterer Anführer der Al-Capone-artigen Gang und einer der «Leute», die BadB kannte, war Script, ebenfalls einer der «Großen» von Carder-Planet.com. Auch seine Geschichte ist außergewöhnlich und klingt beinahe skurril.

In einem der ominösen Foren bot Script Kreditkartendaten mit folgendem Text feil:

> *My name is Script, I was born in Greece and I am also a*
> *founder of www.carderPlanet.com.*
> *Now I can provide very good dumps of USA:*
> *Visa Classic – 35 $ per one*
> *Visa Gold – 80 $ per one*
> *Visa Platinum – 100 $ per one*
> *MasterCard – 40 $ per one*
> *AMEX – 50 $ per one*
> *DISCOVERY PLATINIUM – 100 $ per one*

Eine Vorstellung davon, wer sich hinter Script verbergen könnte, hatten die Ermittler bereits. Es war derjenige mit der Pistole in der Hand. Der Verdacht lag auf einem jungen Ukrainer aus Odessa, Dmitry Ivanovich Golubov. 2005 gelangen nach zähen internationalen Bemühungen schließlich seine Verhaftung und eine Anklage vor einem ukrainischen Gericht. Was im ersten Augenblick wie ein langersehnter Sieg der Sicherheitsbehörden gegen Online-Kriminelle aussah, sollte später nach Ironie und Spott klingen.

Mit der Festsetzung zeigte man zunächst gegenüber der dunklen Seite im Netz: Vorsicht! Wir kriegen euch! Sogar einen wie Golubov, euren «Godfather» des Kreditkartenbetrugs. Und das in Zusammenarbeit mit einem Land wie der Ukraine, das bis dahin immer noch als schwieriger Partner in Sachten internationaler Strafverfolgung galt. Das Signal konnte nur bedeuten: Computerkriminalität zahlt sich nicht aus und wird ab sofort international erfolgreich bekämpft. Doch die Euphorie über die Verhaftung des Partners von BadB währte nicht lange. Nach sechs Monaten wurde Golubov auf Drängen von zwei ukrainischen Politikern wieder auf freien Fuß gesetzt. Sie konnten ein Gericht davon überzeugen, dass die Beweise, die es gegen Golubov gab, in Wahrheit keine wären und dass man damit unmöglich belegen könne, dass er wirklich Script sei. Die Tatsachen, die beweiskräftig gewesen wären, wurden nämlich bei der Verhaftung von den beschlagnahmten Computern gelöscht. Gerüchten zufolge habe Golubov über einen Mechanismus verfügt, der eine Fernlöschung der kompromittierenden Daten ermöglichte. Seit seiner Freilassung führt er die «Internet-Partei der Ukraine» an, die sich in ihrem Programm für die Wahrung von Freiheitsrechten im Internet und gegen Korruption einsetzt. Er arbeitet also erfolgreich in der ukrainischen Politik und behauptet, selbst Opfer eines Identitätsdiebstahls geworden zu sein. Eine Bewertung darüber soll hier ausbleiben. BadB wurde 2012 zu sieben Jahren und drei Monaten Haft verurteilt.

Bei den beiden großen Hacks 2008 sowie 2012/2013 wurden jeweils nur die Banken geschädigt, für die Kunden hatten die Diebstähle keine Auswirkungen. Anders sieht das bei Kreditkartendaten aus, wie sie bei der Verhaftung von Horohorin gefunden wurden und mit denen Plattformen wie CarderPlanet ihr Geschäft machten und machen. Hier sind Kunden direkt betroffen. Also unsere persönlichen Geldbeutel, sofern nicht die Bank Kulanz zeigt und für einen derartigen Schaden aufkommt. Diese Daten, die sich so lukrativ weiterverkaufen lassen, stammen aus Privatcomputern, von Geräten aus den Haushalten der Bürger, unseren Wohnzimmern und Büros. Die Angreifer hacken die Rechner automatisiert über Botnetze und suchen gezielt nach diesen Daten. Was man dagegen tun kann, ist, wie gesagt, in erster Linie Sicherheitsupdates zu machen sowie einen Antivirenschutz und vielleicht noch eine Firewall zu installieren. Anschließend muss man die Programme, wie ebenfalls schon erwähnt, unbedingt immer auf dem aktuellsten Stand halten, denn die Diebe suchen gezielt nach Rechnern, bei denen das nicht der Fall ist. Der Aufwand, in einen Computer mit veralteten Schutzmechanismen einzudringen, ist gleich null. Die passenden Angriffstools dazu kann jeder im Internet herunterladen.

Oft genug brauchen die Angreifer aber eine Interaktion des Nutzers, um an die gewünschten Daten heranzukommen – so wie in den Fällen von I love you. Dabei greifen die Täter ein System an, das sich mit technischen Mitteln nicht patchen lässt – den Menschen. Social Engineering nennt man das. Ein Angriff erfolgt auf den Anwender, um ihn zur Herausgabe von Informationen zu locken, zu denen der Angreifer nicht berechtigt ist. Man versucht dabei Dinge wie Freundlichkeit, Hilfsbereitschaft, Obrigkeitsdenken, Unsicherheit, Neugier und dergleichen auszunutzen. Das funktioniert per Telefon genauso wie per E-Mail oder persönlich.

Ein Beispiel, um eine gesicherte Tür zu überwinden: sich einfach mit einem Stapel Akten und Ordner bewaffnen und auf dem Weg zu dieser Tür von einem Mitarbeiter des Unternehmens überholen lassen. Die Wahrscheinlichkeit, dass die Kollegin oder der Kollege die Tür aus Höflichkeit aufhält, ist relativ hoch. Eine Anwältin einer führenden Rechtsanwaltskanzlei in München berichtete mir vor einiger Zeit, wie einer ihrer Laptops aus den Büroräumen gestohlen wurde: Alle dachten, der Dieb sei großer Wahrscheinlichkeit nach ein internationaler Kollege, der sich gerade in der Kanzlei aufhielt. Auf den Videos der Überwachungskameras konnte man sehen, wie der Mann das Gebäude der Kanzlei gegen Mittag betrat und andere Anwälte und Mitarbeiter bei seinem Weg durch das Gebäude grüßte. Er trug einen dunklen Anzug mit Krawatte, war tadellos frisiert und erweckte den Eindruck, dazuzugehören. Er betrat eines der leerstehenden Büros, dann tauchte er wenig später mit einem Laptop unter dem Arm wieder auf den Kameras auf. Auf dem gleichen Weg, auf dem er hereingekommen war, verließ er das Gebäude.

Als einer der erfolgreichsten Social Engineerer gilt der amerikanische Hacker Kevin Mitnick, der zweimal zu mehrjährigen Gefängnisstrafen verurteilt wurde. Anschließend durfte er für drei Jahre keine EDV-Systeme anrühren. Mitnick war zwar ein begnadeter Hacker, aber sein wahres Talent lag darin, Menschen zu überlisten. Heute ist Mitnick Sicherheitsberater und Autor. In seinem Buch *Die Kunst der Täuschung* erklärt er, wie einfach es ist, mit Hilfe der Schwachstelle Mensch in Computersysteme einzudringen. Das Prinzip ist immer gleich: Das Opfer wird so beeinflusst, dass es dem Angreifer Glauben schenkt und die eigentlich schützenswerte Information herausgibt oder das Verhalten des Angreifers nicht weiter hinterfragt. Nehmen wir an, ein Hacker möchte in die IT eines Unternehmens eindringen. Zunächst wird er versuchen, auszumachen, welche Systeme er vorfinden wird. Dazu recherchiert er im Internet und setzt technische Mittel ein. Wie wäre es etwa, einfach in der Firma anzurufen und zu fragen? Bei einem klugen Vorgehen ist die Chance hoch, auf diese Weise an die gewünschten Informationen zu kommen.

Erster Anruf:

«Hallo? Guten Tag, mein Name ist Klein von der Firma Kaspersky. Würden Sie mich bitte mit Ihrem IT-Leiter verbinden?»

«Tut mir leid, der ist diese Woche nicht im Haus. Um was geht es?»

«Ach, es ist nichts Dringendes, ich kann auch nächste Woche noch einmal anrufen.»

«Ich kann Ihnen Herrn Sennfeld geben, seinen Vertreter.»

«Nein, nein. Vielen Dank. Ist etwas Persönliches. Nochmals vielen Dank, und Ihnen eine schöne Woche.»

«Ihnen auch, auf Wiederhören.»

Zweiter Anruf (bei irgendeiner Nebenstelle des Unternehmens):

«Hallo? Guten Tag. Schindel mein Name, vom Computermagazin c't. Jetzt bin ich wohl völlig falsch herausgekommen!»

«Wen wollten Sie denn sprechen?»

«Herrn Sennfeld aus der IT.»

Der Mann von der Nebenstelle lacht: «Ja, da sind Sie wirklich völlig falsch, Herr Sennfeld hat die Durchwahl 274. Soll ich Sie verbinden?»

«Gern. Vielen Dank.»

Nach einer kurzen Warteschleifenmusik meldet sich der stellvertretende IT-Leiter.

«Sennfeld?»

«Guten Tag, Herr Sennfeld, Schindel, von der c't. Tut mir leid, ich hatte mir wohl Ihre Nummer falsch notiert, aber Ihr Kollege war so nett, mich weiterzuvermitteln.»

«Kein Problem, was kann ich für Sie tun?»

«Nun, Herr Sennfeld, wie gesagt, ich bin Redakteur bei der Zeitschrift c't, und Sie wurden mir von meinem letzten Interviewpartner als ausgesprochener Experte empfohlen.»

«Tatsächlich, von wem?»

«Das kann ich Ihnen nicht sagen, da die Umfrage zu hundert Prozent anonym stattfindet, aber offenbar kennt Sie jemand aus einem anderen Unternehmen recht gut. Auf jeden Fall sprach er sehr begeistert über Sie. Hätten Sie einen Augenblick Zeit für ein paar kurze Fragen? Ich recherchiere gerade für einen Artikel zum Thema Cloud-Anbieter.»

Im Laufe des Interviews, das sich nun eher zu einem netten Gespräch entwickelt, kommen auch Themen rund um die Anbieter von Sicherheitssoftware zur Sprache. Es werden Erfahrungswerte abgefragt und Probleme diskutiert, die es immer wieder mit unterschiedlichen Herstellern gibt. Geschickt gefragt, erhält der Angreifer so peu à peu Informationen, die für einen späteren Einbruch in die Computersysteme wertvoll und äußerst nützlich sind. Dass Herr Schindel weder Journalist ist noch von einem der am meisten angesagten Computermagazine stammt, erfährt Herr Sennfeld nie.

Im Sommer 2012 berichtete mir ein Sicherheitsverantwortlicher eines weltweit tätigen Maschinenherstellers aus München folgenden Social-Engineering-Fall: Am frühen Vormittag klingelte bei einer Mitarbeiterin der indischen Niederlassung das Telefon. Am anderen Ende der Leitung war ein Kollege aus der bayerischen Landeshauptstadt, der behauptete, am Flughafen in Mumbai Opfer eines Trickdiebes geworden zu sein. Sein gesamtes Handgepäck sei heute gestohlen worden, inklusive des Firmenlaptops. Er selbst sei von der Pressestelle des Unternehmens in München und anlässlich eines wichtigen Meetings in Mumbai. Gott sei Dank habe er noch sein privates Telefon, mit dem er wenigstens telefonieren könne. Allerdings sei aufgrund der Zeitverschiebung zu Hause niemand erreichbar, den er um Hilfe bitten könne. Zwar sei er in der Lage, mit seinem privaten Handy wichtige E-Mails für das Meeting zu schreiben oder zu empfangen, allerdings fehle ihm die globale Adressliste des Unternehmens. Die bräuchte er jetzt dringend.

Der Anrufer stellte die indische Zentrale gleichsam als seine letzte Rettung dar. Die Mitarbeiterin bat er dann, diese Datei an seine private E-Mail-Anschrift zu schicken. Sie erwiderte dem Kollegen aus München, dass sie ihm wirklich gern weiterhelfen würde, die Adressliste aber als «intern» eingestuft sei und deshalb aus Sicherheitsgründen nicht an private E-Mail-Accounts verschickt werden dürfe. Die Richtlinie des Unternehmens würde das schließlich verbieten. Anderseits habe sie durchaus Verständnis für die missliche Situation. Sie fragte nach, ob sie auf andere Weise helfen könne. Der Pressemensch nahm dankend an.

«Ja», sagte er, «ich verstehe Sie vollkommen, für Sie bin ich auch ein Unbekannter. Ich hätte da eine Idee. Ist Ihnen mein Chef ein Begriff?»

«Meinen Sie Herrn Breuninger? (Anmerkung: Herr Breuninger ist der Pressesprecher des Konzerns.) Ja, den kenne ich, zumindest dem Namen nach.»

«In Ordnung. Was halten Sie von folgendem Vorschlag? Tippen Sie in Ihren Computer ‹Facebook› ein und suchen Sie dort nach meinem Namen. So viele dürfte es dort nicht geben. Schicken Sie mir eine Freundschaftsanfrage, ich bestätige die sofort. Im Anschluss finden Sie in meinem Profil meinen Arbeitgeber – also unseren. Und unter meinen Facebook-Freunden werden Sie auch meinen Chef entdecken, Herrn Breuninger. Mein Vorschlag: Schicken Sie mir die Datei doch an die dort hinterlegte E-Mail-Anschrift. Herrn Breuninger, der wegen wichtiger Termine in München geblieben ist, schicken Sie eine Kopie der E-Mail in CC. Dann weiß er gleich Bescheid.»

Die Kollegin fand die Geschichte glaubhaft und war schließlich von der Echtheit des Anrufers überzeugt. Sie schickte das globale Adressverzeichnis an die hinterlegte E-Mail-Anschrift. Wie sich später herausstellte, war das ein Fehler. Den Mitarbeiter in München gab es tatsächlich, nur besaß er gar kein Konto auf Facebook. Der Angreifer hatte sich einfach unter dem Namen des Mitarbeiters ein Account zugelegt. Alle Daten, die der Angreifer für das fiktive Facebook-Profil benötigte, fand er im Netz und auf der Unternehmenswebsite.

Die Firma lernte aus dem Vorfall und warnte alle Mitarbeiter per E-Mail und informierte über die Masche des Angreifers, mit der er versuchte, an interne Informationen heranzukommen. Wozu die Angreifer die Daten gebrauchen konnten, ist bis heute ungeklärt. Wie gesagt, bis heute.

Den Versuch, an vertrauliche Daten zu gelangen, gibt es nicht erst, seitdem der Begriff «Social-Engineering» existiert. Immerhin wird, wie schon gesagt, Spionage als zweitältestes Gewerbe der Welt angesehen. Und Nachrichtendienste sind Experten, was das betrifft. Ebenso wenig hacken Kriminelle nicht erst seit dem Winter 2012 Kreditkartendaten oder Bankautomaten, sondern seitdem elektronische Bezahlsysteme im Einsatz sind. Dabei ist es nicht so, dass die Systeme ohne Sicherheitsvorkehrungen betrieben werden. Im Gegenteil: Die Experten denken jedes Mal, sie hätten sich etwas extrem Sicheres einfallen lassen. Dennoch wurden die Systeme immer wieder geknackt. Geld ist eben ein sehr großer Innovationstreiber für Angreifer.

Möchte man mehr über Kriminelle, ihre Taten und ihren Wirkungskreis wissen, lohnt in aller Regel ein Blick in die jährlich veröffentlichte Polizeiliche Kriminalstatistik (PKS). Die hat für das Jahr 2012 einen bundesweiten Anstieg im Bereich

Cyber-Kriminalität um 7,5 Prozent registriert. Die unerkannten Angriffe umfasst diese Statistik leider nicht. Außerdem finden nur die Tatvorgänge Eingang in die Statistik, die ihren Ursprung in Deutschland haben. Die Aussagekraft der PKS ist demnach recht gering, denn der überwiegende Teil der Angriffe kommt aus dem Ausland – und nur die wenigsten Angriffe werden bei den Polizeidienststellen überhaupt zur Anzeige gebracht. Gerade bei Cyber-Delikten sind das zwei grundlegende Probleme. Aber immerhin existieren für diesen Kriminalitätssektor überhaupt Statistiken und Studien. Und die Höhe der Schadenssummen liefert zumindest einen Anhaltspunkt über die Dimension des Problems. Für das Jahr 2011 belegt das Bundeskriminalamt (BKA) mit seinem Lagebild die polizeilich registrierte Schadenshöhe von über 71 Millionen Euro. Wie gesagt, nur von Taten, von denen man erfahren hat und die ihren Ursprung in Deutschland hatten. Übrigens ist das eine Summe, die sich seit 2007 bereits mehr als verdoppelt hat. Die Studie der Wirtschaftsprüfungsgesellschaft KPMG zur elektronischen Kriminalität, die sogenannte e-Crime-Studie von 2010, untermalt diese enorm hohen Schäden der deutschen Wirtschaft.

Alle Untersuchungen zeigen allerdings nur die Auswirkungen von Cyber-Crime auf, sie sagen wenig darüber aus, wie Angreifer vorgehen, noch bieten sie eine Art Erkenntnisaustausch für die Betroffenen. Kreditkartendaten spielen im breiten Spektrum der Cyber-Kriminalität einzig eine Teilrolle. Andere Delikte wie Schutzgelderpressung sind ebenfalls probate Mittel, um schnell an Geld zu kommen. In der realen Welt setzen Banden Ladenbesitzer unter Druck und garantieren durch ein monatliches Entgelt, dass dem Kiosk, Geschäft oder Restaurant und seinem Betreiber nichts zustößt. Das Angebot ist eindeutig. Weigert sich der zukünftige «Kunde», wird so lange demoliert, geprügelt oder schikaniert, bis er sich beugt und bezahlt. Im Internet funktioniert das Ganze ähnlich. Anbieter von Webshops werden mittels einer DDos-Attacke lahmgelegt. Schon bald meldet sich eine Person bei dem Betreiber des Geschäfts und fordert einen kleinen Betrag ein (oft in einem kleinen dreistelligen Bereich). Nach der Zahlung funktioniert alles wie von Geisterhand. Gegen ein monatliches Entgelt würde man das Opfer vor den Tätern in Zukunft schützen. Oder man dringt in das Computersystem des Opfers ein und kopiert sämtliche Kundendaten. Klassische Erpressung in digitalen Zeiten. Die Angreifer fordern jetzt ein nicht geringes Lösegeld für die Daten. Weigert sich das Opfer, es zu zahlen, drohen die Hacker oder deren Hintermänner mit einer Veröffentlichung der Daten. Das Unternehmen könne sich gern noch ein, zwei Tage Zeit lassen und errechnen, ob es der Imageschaden ist oder das Entgelt, das höher wiegt.

Tatanga: ChipTAN-Trojaner räumt Konten ab

Wie der britische Security-Dienstleister Trusteer bei seinen Routine-Checks feststellte, ist der noch relativ neue Trojaner-Angriff mit dem Namen «Tatanga» jetzt auch hinter den als sicher geltenden ChipTAN-Verfahren beim Online-Banking her. Waren Angriffe über mobile Lösungen in der Vergangenheit durch extrem fehlerbehaftete Websites noch leicht zu erkennen, so ist dies nun nicht mehr der Fall. Das Problem dabei ist das uneingeschränkte Vertrauen des Kunden in die Bank-Website.

http://business.chip.de/news/Tatanga-ChipTAN-Trojaner-raeumt-Konten-ab_57389757.html

In einem konkreten Fall eines bayerischen Unternehmens belief sich die Summe auf fünf Millionen Euro Lösegeld, die für die erbeuteten Daten gefordert wurde. Die Angreifer drohten ansonsten, mehrere Datensätze für 1,5 Millionen Euro pro Satz im Netz zu verkaufen. Das wirklich Tragische war: Die entsprechende Firma informierte ihre Kunden über den Zwischenfall erst, als die Angreifer tatsächlich einen der Datensätze im Netz veröffentlichten. Nun droht dem Konzern auch noch eine Anzeige wegen eines Verstoßes nach dem Bundesdatenschutzgesetz. Dieses verpflichtet Unternehmen bei einem Verlust personenbezogener Daten, den Betroffenen unmittelbar Meldung zu machen.

Betroffen sind davon nicht nur kleine und mittelständische Betriebe, sondern auch Konzerne, etwa die Hotelkette Best Western, die bereits 2007 Opfer einer solch umfassend angelegten Erpressung geworden ist. Die Presse sprach von über acht Millionen Gästedaten, die damals entwendet worden seien. Sogar Sicherheitsdienstleister wie Symantec werden von Beschützern zu Opfern. Symantec, einer der größten amerikanischen Hersteller von Antiviren- und Sicherheitsprodukten, wurde «gebeten», 50 000 Euro für einen gestohlenen Programmcode zu bezahlen, anderseits würden die Angreifer den Code ins Netz stellen. Eine offizielle Einigung scheint es mit den Erpressern immer noch nicht zu geben. Die Veröffentlichung des Programmcodes wäre nicht das Problem, die Software ist veraltet und bereits überarbeitet, aber die Wirkung in der Öffentlichkeit und der damit verbundene Imageschaden beunruhigten das Unternehmen. Dumm nur, dass auch Symantec die Kunden erst informierte, nachdem die Angreifer den ersten Code-Schnipsel ins Internet gestellt hatten. Datenschutz spielte in diesem Fall keine Rolle, aber der drohende Verlust eines Renommees kann enorm sein.

Noch dreister gehen Angreifer vor, die vorgeben, von einer staatlichen Stelle wie dem BKA zu sein. Bei den Erpressungsopfern poppt ein Fenster auf, das verkündet: «Bundeskriminalamt Pressestelle: Ihr Internet Service Provider (ISP) ist blockiert. Die Funktion Ihres Computers wurde wegen unbefugter Netzaktivitäten geblockt.» Es folgt die aktuelle IP-Adresse der Provider, danach die der Stadt.

«Alle rechtswidrigen Handlungen, die von Ihrem Computer aus begangen wurden, sind in der Datenbank der Polizei gespeichert worden, einschließlich Fotos und Videos der Webcam. Ebenso wurde die Wiedergabe von pornographischen Inhalten mit Minderjährigen festgestellt.» Unter diesem Banner sind dann Bilder von «Gabriela Nunez», «Linda Green», «Chin-Sun Kim» oder «Ashlee Stiller» angezeigt. Die Aufnahmen werden im Hintergrund heruntergeladen und auf der Festplatte des infizierten Rechners abgelegt. Spätestens jetzt sind Sie im Besitz von Kinderpornographie – ohne dass Sie es wollen oder gar wissen.[16]

Eine andere Masche ist der angeblich illegale Download von Musikdateien. Als erste Sofortmaßnahme habe man den Rechner gesperrt. Gegen ein Entgelt von 100 Euro könne man jedoch die Sperre wieder deaktivieren. Per Ukash oder Paysafecard – anonym, versteht sich. In Wahrheit haben sich die Opfer einen Virus eingefangen, der sich ohne spezielle Kenntnisse kaum mehr entfernen lässt, da er alle Verbindungen kappt und den Rechner tatsächlich mit dieser offiziell wirkenden Seite auf dem Bildschirm lahmlegt. Viele Opfer trauen sich nicht, sich an die Polizei zu wenden. Denn was ist, wenn diese den Computer beschlagnahmt und tatsächlich kopierte MP3-Musikstücke oder eine «kostenlose» Version von Windows oder Microsoft Office findet? Vor Angst, die Sache zu verschlimmern, zahlen Opfer.

Al Capone virtuell

Zum Glück ist die Strategie bekannt. Die Bundesregierung hat gemeinsam mit dem eco-Verband der deutschen Internetwirtschaft bereits 2011 eine Initiative gestartet, die gegen solche Erpressungen und Botnetze vorgeht. Unter www.botfrei.de können sich Bürger nicht nur informieren, sondern auch den Rechner nach Schädlingen online durchsuchen lassen. Wenn sich das System gar nicht mehr starten lässt, kann sogar eine Rettungs-CD angefordert werden, die den heimischen PC von den Plagegeistern befreit. Dazu braucht man dann zwar einen Bekannten, über den man auf das Internet zugreifen kann, oder einen zweiten Computer – aber schlussendlich kann der Rechner gesäubert und die Daten können gerettet werden.

Im Reich der Cyber-Kriminellen hat sich Russland in den letzten Jahren besonders hervorgetan. Schätzungen zufolge belaufen sich die Umsätze russischer, baltischer und ukrainischer Hacker zwischen ein bis drei Milliarden US-Dollar.[17] Das hat in erster Linie historische Gründe. Nach dem Zusammenbruch der Sowjetunion drängten viele Kryptographen und Mathematiker in die IT. Heute ist vieles von dem, was man in den Quarantänebereichen der Antivirenhersteller finden kann, russischen Ursprungs. Es gibt einen regelrechten Dienstleistungsmarkt russischer Hacker. Mit Hilfe von Online-Angeboten werben die Angreifer mit Festpreisen und Support, mithin Angriffstools, die von den Antivirenherstellern nicht erkannt werden und garantiert zum Erfolg führen. Und sollte die verwendete Schadsoftware doch aufgespürt werden, wird innerhalb weniger Stunden Hilfe versprochen. Falls gewünscht, wird diese Unterstützung auch an vierundzwanzig Stunden garantiert, sieben Tage die Woche. Möchte der Kunde nicht gezielt angreifen, sondern beispielsweise möglichst viele Opfer generieren (zum Beispiel für den Versand von Spam-E-Mails), wendet er sich an die Cyber-Söldner und bekommt dann einen Preis vorgeschlagen – ähnlich wie auf der Handwerkerseite my-hammer.de.

Die Methoden, die die Angreifer verwenden, um Computer zu kapern, werden immer professioneller. Die Zeiten, in denen sich arglose Internetnutzer ganz einfach auf gefälschte Websites ködern ließen, auf denen sie dann zur Eingabe irgendwelcher Daten aufgefordert wurden, sind vorbei. Heute macht man es umgekehrt. Man versucht das Opfer nicht auf eine Seite zu locken, sondern wartet, dass es selbst eine bestimmte Seite aufsuchen will. E-Mails in radebrechendem Deutsch waren gestern, heute gehen die Täter – stark vereinfacht gesagt – folgendermaßen vor: Über einen Trojaner wird der DNS-Eintrag der zu besuchenden Seite verändert (DNS = Domain Name System). Was sich im ersten Moment kompliziert anhört, ist in Wahrheit gar nicht so schwierig. Dazu muss man verstehen, wie Computer auf Seiten im Internet zugreifen. Man tippt im Browser eine Webadresse ein. Beispielsweise: www.amazon.de. Da im Netz nichts mit Buchstaben funktioniert, sondern nur mit Zahlen, verbirgt sich hinter www.amazon.de in Wirklichkeit die Internetadresse 178.236.7.219. Das kann sich aber kein Mensch merken, und so tippen wir eben www.amazon.de ein. Ein DNS-Dienst übernimmt für uns die Übersetzung. Die DNS-Server werden in aller Regel in der Internetkonfiguration des Computers eingegeben. Was Angreifer tun, ist, entweder einen eigenen Übersetzungsdienst in Form eines fehlerhaften DNS-Servers einzurichten oder den bestehenden zu manipulieren.

Lange Rede, kurzer Sinn: Was geschieht, ist, dass www.amazon.de nicht in 178.236.7.219 übersetzt wird, sondern absichtlich falsch in die IP-Adresse des Angreifers. Der wiederum hat an dieser Stelle eine Website hinterlegt, die der echten nach außen hin bis aufs Haar gleicht. Gibt das Opfer seinen Benutzernamen und sein Passwort ein, befinden sich diese nun im Besitz des Angreifers. Danach bekommt das Opfer eine Fehlermeldung, bei der Anfrage sei ein Problem aufgetreten. Natürlich die identische Meldung, die auch die echte Amazon-Seite ausgeben würde, wenn man sein Passwort falsch eingibt.

In der Zwischenzeit ist das Opfer bereits auf die echte Seite weitergeleitet worden. Es gibt seine Daten erneut ein und erhält Zugang. Anschließend, um in dem Beispiel von Amazon zu bleiben, kauft der Angreifer beliebige Artikel ein (natürlich spätabends oder in der Nacht) und lässt sie sich an eine DHL-Packstation schicken. Die Wohnanschrift des Opfers hat der Angreifer übrigens auch, da er sich mit den Anmeldeinformationen Zugang zu diesen verschafft hat. Selbstverständlich ist neben der Anschrift weiterhin eine E-Mail-Anschrift hinterlegt. Verwendet das Opfer für die E-Mail-Adresse das gleiche Kennwort, um Zugang zu seinem E-Mail-Konto zu haben, kann der Angreifer fortan die E-Mails mitlesen.

Bei manchen Anbietern von Internetdiensten hat der Angreifer vielleicht noch mehr «Glück». Bis vor kurzem war es beispielsweise unter einer @me.com-Anschrift von Apple möglich, Zugriff auf die Zahlungsinformationen des Opfers zu nehmen. Alles, was man brauchte, waren die letzten vier Ziffern der Kreditkarte. Diese waren wiederum bei Amazon sichtbar.

Verhindern lassen sich solche Angriffe nur über einen aktuellen Virenschutz, der die Trojaner erkennt und die Manipulation am Rechner verhindert. Ungeschützter Internetverkehr erhöht das Infektionsrisiko erheblich. Virtuell natürlich. Ein erhöhtes Bewusstsein für die Risiken und der richtige Umgang mit Passwörtern reduzieren die Angriffsgefahr hingegen ungemein.

8

Die Konkurrenz schläft nicht –
und Robin Hood 2.0 lässt grüßen

Es war Herbst 2012, als der Sicherheitsverantwortliche eines Automobilzulieferers bei einem Kollegen von mir anrief: «Könnten Sie kurzfristig bei uns vorbeisehen? Ich glaube, wir haben soeben einen Spionagefall bei uns entdeckt.» Der Anrufer war kein Unbekannter. Dieter Fuchs stand seit Jahren mit dem Bereich Wirtschaftsschutz des Verfassungsschutzes in Kontakt, und so ahnte man, dass an der Sache etwas dran sein konnte.

Schnell war ein Termin vereinbart. Was die Kollegen, die das Unternehmen aufsuchten, dort erfuhren, erstaunte sie nicht schlecht. Als sie den Besprechungsraum betraten, sahen sie neben den besorgten Gesichtern des Firmenchefs, des Geschäftsführers und des IT-Leiters, des Betriebsrats und des Einkaufschefs einen braunen Pappkarton auf dem Tisch stehen. Er war ein wenig kleiner als ein Umzugskarton, und den Blicken der Anwesenden nach zu urteilen war sofort klar, dass es um ihn ging.

Nach einer kurzen Begrüßung durch Dieter F., der den Betrieb leitete, entleerte der den Inhalt der Kiste. Was er herausholte, waren ein Festnetztelefon und ein langes, verschlungenes Kabel, dessen Ende noch in dem Telefon steckte. Ein Alcatel-Telefon, wie es zu Tausenden in deutschen Büros steht, wie die Kollegen auch bemerkten.

«Dieses hier ist anders», erklärte Dieter F. «Es ist das defekte Telefon unseres Einkaufsleiters, Herrn Gridkowsky.» Er deutete mit seiner Hand auf den Mann in der Runde, der neben dem Geschäftsführer saß. «Herr Gridkowsky ist seit über fünfzehn Jahren bei uns im Unternehmen. Letzte Woche rief er bei unserer IT-Kundenbetreuung an und bat um Auswechselung seines Telefons, da es defekt sei. Nun muss man wissen, dass die Telefone schon seit über zwei Jahren gegen neuere Modelle ersetzt wurden, nur Herr Gridkowsky und einige andere Mitarbeiter hingen an der alten Alcatel-Version. Da er mit diesem Wunsch wie gesagt nicht allein ist, hat unsere IT-Abteilung etliche der alten Geräte aufgehoben; sie sind das Ersatzteillager für unsere ‹Gridkowskys›.»

Wikileaks-Hacker blockieren Websites von Finanzdienstleistern

Erst war es Mastercard, dann Visa: Wikileaks-Anhänger haben die Websites der großen Finanzdienstleister blockiert. Die Websites der Kreditkartengesellschaften wurden mit sogenannten DDOS-Angriffen («Distributed Denial of Service») lahmgelegt. Dabei wird ein Web-Server mit Unmengen von Daten geflutet und dadurch blockiert.

http://www.welt.de/politik/ausland/article11495557/Wikileaks-Hacker-blockieren-auch-Visa-Website.html

Die Anwesenden lachten, der Einkaufschef und der IT-Leiter nickten zusätzlich.

«Als die IT-Abteilung den Apparat von Herrn Gridkowsky zerlegte», fuhr Dieter F. fort, «um zu sehen, was man davon noch aufheben könnte, entdeckten sie Folgendes …» Langsam hob er den Apparat in die Luft und löste den Deckel, der offenbar nur noch an einer Seite in dem dafür vorgesehenen Clip steckte. Zum Vorschein kam das Innenleben des Telefons. Und was jeder im Raum augenblicklich erkennen konnte: Neben dem Mikrophon zum Freisprechen lag eine SmartCard. Die Chipkarte, die wie eine aus einem Mobiltelefon aussah, steckte in einer Halterung, die dort nicht hingehörte. Gut konnte man auch die laienhaften Lötstellen ausmachen, mit denen die Kabel befestigt wurden. «Irgendeine Ahnung, wie das da hingekommen ist?», fragte mein Kollege.

«Bisher noch nicht», erwiderte Dieter F. «Wir wollten erst mit Ihnen sprechen.»

Nach einigen Tagen lag das Ergebnis der untersuchten SIM-Karte vor: Zwar war die Nummer nichtssagend, aber auf der Karte waren einige SMS gespeichert, die die Zuordnung wesentlich vereinfachten. Bei einer SMS ging es nämlich um Einkäufe, die ein gewisser «Schatzi» noch mit nach Hause bringen sollte. «Schatzi» wiederum konnte anhand der Mobilfunknummer identifiziert werden: Es handelte sich um einen ehemaligen Mitarbeiter, der inzwischen zur Konkurrenz gewechselt war und die Firma im Streit verlassen hatte.

Damit war die Sache klar: Es handelte sich nicht um Wirtschaftsspionage im herkömmlichen Sinn (Länder spähen mit Hilfe von Nachrichtendiensten Wirtschaftsunternehmen aus), sondern um das große Feld der Konkurrenzausspähung.

Dabei meine ich nicht nur Firmen, die versuchen an interne Daten der Mitbewerber heranzukommen, sondern auch Ehepartner, Kollegen, verfeindete Parteien und dergleichen mehr. Ihnen allen gemein ist die Auswahl an Werkzeugen, die dafür heutzutage zur Verfügung stehen. Überhaupt: Eine Google-Recherche unter dem Begriff «Spy-Shop» liefert circa 130 000 000 – in Worten einhundertdreißig Millionen (!) – Treffer in nur 0,34 Sekunden. Die ersten fünfzig sollten reichen. Mit etwas krimineller Energie kann sich hier jeder mit allen möglichen Spionage-Tools eindecken, die das Freizeitagentenherz begehrt. Und das zum Spottpreis. Sogar in der Supermarktkette real bekommt man hin und wieder Spionagekameras im Sonderangebot. Eine Wanze zum Belauschen von Gesprächen in Räumen oder Fahrzeugen, die ihre Signale per Mobilfunk (GSM) versendet, kaum größer als zwei Weintrauben ist und selbst mit modernster Lauschabwehr schwer zu detektieren ist, findet man bei eBay bereits ab 20 Euro. Eine HD-Kamera im Autoschlüssel gibt es für 160 Euro.

Ähnliches gilt für Hacking-Tools. Mit etwas Geschick kann sich jeder über Portale wie Metasploit sein eigenes Spionage-Tool zusammenbasteln und anschließend gegen das gewünschte Computerziel zum Einsatz bringen. Wer Tastaturanschläge aufzeichnen möchte, also auch die von Benutzerkennungen und Passwörtern, findet bei Amazon unter der Rubrik «Baumarkt» für 44 Euro geeignete Adapter, die einfach zwischen Tastatur und Computer gesteckt werden. Im Büro sieht in aller Regel auch niemand unter dem Schreibtisch nach den Kabeln, die am Computer eingesteckt sind. Oder man bedient sich gleich eines Auftragshackers. Im Übrigen sollte vielleicht erwähnt werden, dass der Einsatz solcher Mittel eine strafbare Handlung darstellt und mit einer Freiheitsstrafe von bis zu drei Jahren belegt ist.

Neben den Konkurrenten und vermeintlichen Nebenbuhlern gibt es jene schon erwähnte Gruppe, die ihr Motiv für Angriffe auf Computer quasi namentlich manifestiert, das ist die Gruppe der Hacktivisten. Sie nutzen die Fähigkeiten von Hackern (daher auch die Namensmischung), um politisch zu protestieren. Dass sie dabei Straftaten begehen und sich damit über den Rand eines demokratischen Systems hinausbewegen, ist ihnen gleichgültig. Sie überlassen Dinge nicht dem Rechtsstaat, sondern nehmen sie selbst in die Hand. Eine bedenkliche Situation, denn diese moderne Form der Selbstjustiz gewinnt in den letzten Jahren immer stärker an Bedeutung. Allerdings kann und darf sie in Rechtsstaaten kein Mittel der Rechtsordnung sein.

Hacktivisten organisieren sich lose über Foren, Chats und soziale Netzwerke. Um ihre Aktionen zu planen, sprechen sich die Mitglieder, die sich für jede Operation neu formieren, im Internet ab. Feste Strukturen gibt es offiziell nicht. Dass sie doch existent sind, behaupten Insider. Das Spektrum der Angriffe von Hacktivisten ist groß und reicht von elektronischen Protestmärschen über digitale Sitzblockaden bis hin zum Diebstahl von Dokumenten und Daten. In einem Fall wurden sogar Kreditkartendaten eines Opfers verwendet, um Geld auf ein Konto zu einem bestimmten Zweck zu überweisen. Robin Hood 2.0 lässt grüßen. Betroffen sind Firmen, manchmal Regierungseinrichtungen, selten einzelne Personen.

Eines der wohl bekanntesten Kollektive von Hacktivisten ist Anonymous. Mit dem Symbol eines Mannes im Anzug ohne Kopf und dem Slogan: «*We are Anonymous. We are Legion. We do not forgive. We do not forget. Expect us* – Wir sind Anonymus. Wir sind viele. Wir vergeben nicht. Wir vergessen nicht. Erwartet uns» sorgen sie immer wieder für Aufregung im Netz. Zum weiteren Symbol der meist jungen und jugendlichen anarchischen Gruppierung ist die Guy-Fawkes-Maske geworden, jene Maske, die das Gesicht des britischen Offiziers darstellt, der 1605 versuchte, das britische Parlament in die Luft zu sprengen. Auf Wikipedia ist zu lesen, dass unter humorigen Briten Guy Fawkes als derjenige gilt, der als Einziger mit ehrlichen Absichten ins britische Parlament einzog. Die Briten – also wirklich. Die heutige Masken-Version entstand aus dem bekannten und später als Blockbuster verfilmten Comic *V wie Vendetta*. In dem überwiegend von dem britischen Zeichner David Lloyd gestalteten Comic bekämpft ein als Guy Fawkes verkleideter Freiheitskämpfer und Terrorist die Faschisten, die in England nach dem Dritten Weltkrieg die Macht übernommen haben. Die Maske ist heute neben Anonymous auch Symbol der Occupy-Bewegung.

Die Opfer von Anonymous sind weit über alle Teile der Gesellschaft gestreut. Selbst der Vatikan, Staaten wie Israel oder Ägypten, die Stadt Frankfurt oder der Fernsehsender RTL sind vor den Aktionen der selbsternannten Freiheitskämpfer nicht gefeit. Die Finanzunternehmen Visa und MasterCard wurden beispielsweise kollektiv mit DDoS-Attacken überzogen, weil sie der Enthüllungsplattform WikiLeaks den Zugang zu ihren Konten verweigert hatten. Als zwei der Aktivisten in den Niederlanden festgenommen wurden, richteten sich die Operationen in der Folge gegen die niederländische Polizei und Staatsanwaltschaft. In einem anderen Fall organisierte Anonymous einen weltweiten Protest gegen Scientology, sowohl auf der Straße als auch mit DDoS-Attacken im Netz.

Als der japanische Elektronikkonzern Sony Anzeige wegen Detailveröffentlichungen zum Kopierschutzsystem seiner Spieleplattform PlayStation erstattete und zwei Hacker verhaftet wurden, kam es zu Aktionen gegen Sony. Diese wurden im Juni 2011 offiziell wieder eingestellt, nachdem eine Woche zuvor drei spanische Hacker festgenommen wurden, die bei den Angriffen beteiligt gewesen sein sollen. Während der Aktionsdauer wurden bei einem Angriff siebenundsiebzig Millionen Kundendaten inklusive Kreditkarteninformationen gestohlen und zum Teil veröffentlicht. Anonymous lehnte die Verantwortung dafür ab. Die der «Spaßguerilla» zurechenbare Gruppe LuzSec soll dafür verantwortlich sein, so hieß es. Während der Katastrophe von Fukushima richteten sich die Angriffe von Anonymous jedenfalls gegen Unternehmen, die ihr Geld mit Atomkraft verdienen.

Am «Phänomen» Hacktivisten wird eines besonders deutlich, nämlich wie unsichere Computersysteme eine grundlegende Veränderung in unsere Gesellschaften bringen. Um an schützenswerte Informationen zu kommen, müssen nicht mehr Menschen als Whistleblower agieren, es reicht, die meist ohnehin schlecht gesicherten Computersysteme zu hacken. Es müssen keine Tresore geknackt und Mauern überwunden werden, es ist nichts weiter nötig, als unsere digitalen Geldbörsen anzugreifen. Für den tonnenweisen Diebstahl von Daten benötigt man keine Schubkarre, sondern lediglich einen Internetzugang oder einen 16 Gigabyte großen USB-Stick – auf einen solchen passen immerhin ungefähr eine Million DIN-A4-Seiten.

Als Beamte der Polizei in England und den USA Häuser stürmten, um Anonymous-Hacktivisten festzunehmen, die bei dem Angriff auf das Bezahlsystem PayPal beteiligt gewesen sein sollen, trafen sie auf einen Dreizehn- und einen Sechzehnjährigen. Mit einer Tastatur und einem Internetzugang ausgestattete Jugendliche unterscheidet im Netz wenig bis gar nichts von einem Erwachsenen.

Während des Heranwachsens ist es für Kinder und Jugendliche seit jeher besonders reizvoll, Verbotenes zu tun. Grenzen zu überschreiten ist ein wesentlicher Bestandteil des Abnabelungsprozesses und der Persönlichkeitsentwicklung. Außerdem stärkt sich dadurch in vielen Fällen die soziale Stellung innerhalb einer Gruppe. Dazu kommt ein auch völlig normales Protestverhalten, gemischt mit Empörung, Nachahmungseifer, politischem Engagement und technischer Begeisterung. Die technische Überlegenheit vielen Erwachsenen gegenüber verleiht manchen ein Gefühl der Macht im digitalen Zuhause. Was daraus resultiert, ist eine technische Revolte, die häufig scharf an der Grenze des Erlaubten stattfindet. So muten Presseberichterstattungen über jugendliche Hacker oft lustig und verharmlosend an, hinterlassen beim Leser aber häufig Kopfschütteln darüber, dass so etwas überhaupt möglich ist. Ein wenig Bewunderung für die so «gewieften» Jugendlichen ist auch dabei. Machen die Angreifer nicht gravierende Fehler, ist die Gefahr, entdeckt zu werden, auf ein Minimum reduziert.

Das Spektrum der «Mal-sehen-was-so-geht»-Angreifer reicht vom Zugriff auf die Server der eigenen Schule bis hin zum Einbruch in Regierungsbehörden. Im Sommer 2012 waren einige Schüler eines Gymnasiums in Schleswig-Holstein wohl nicht richtig einverstanden mit ihren Zensuren und «verbesserten» diese kurzfristig. Übrigens kein Einzelfall, wie Vorfälle in Basel, im niederländischen Den Bosch, Freiburg oder Straubing belegen. In Kalifornien manipulierte ein Fünfzehnjähriger im Rahmen seiner Abschlussarbeit ebenfalls seine Noten. Allerdings korrigierte er sie nicht nach oben, sondern verschlechterte sie auf ein Mittelmaß – nur um zu zeigen, wie einfach es ist, das löchrige System der Schule anzugreifen.

«Angriff» hört sich in diesem Zusammenhang etwas martialisch an, im Grunde genommen ist es aber genau das. Dringt jemand nachts in ein Gebäude ein, spricht man ja auch von einem Einbruch und nicht von einem «Mal-Vorbeischauen». Im Unterschied dazu werden in der realen Welt Fenster geschlossen und Türen versperrt. IT-Netze jedoch nicht. Und wenn, dann liegt der Schlüssel häufig unter der Fußmatte.

Erstaunlich, dass es auch dreißig Jahre nach den ersten IT-Sicherheitsvorfällen Jugendlichen mit der nötigen Neugier gelingt, komplexe Systeme zu knacken, wie der Fall eines Fünfzehnjährigen zeigt, der 2008 die gesamte Internetpräsenz der Stadt Ansbach löschte.

Eigentlich, so könnte man meinen, müsste die Zeit von dreißig Jahren – seitdem gibt es Computer für zu Hause– ausgereicht haben, um entsprechende Sicherheitsfunktionen in die Produkte einfließen zu lassen. Nun ist Ansbach nicht Estland, und der Dienstsitz des Bayerischen Landesamts für Datenschutzaufsicht in der Ansberger Promenade keine Reaktion auf die Vorkommnisse wie das Cooperative Cyber Defense Center of Excellence der NATO in Tallin. Aber die Tatsache, dass so etwas für einen fünfzehn Jahre alten Jungen möglich ist, demonstriert die derzeitige Situation. In Österreich wurde im Sommer 2012 ein fünfzehnjähriger Hauptschüler verhaftet, nachdem er über 250 Hackerangriffe auf Daten von internationalen Unternehmen, öffentlichen Institutionen und Behörden durchführte. «Dieser Fall zeigt einerseits, wie anfällig unsere Computersysteme sind», so die österreichische Innenministerin Johanna Mikl-Leitner. «Andererseits zeigt er aber auch, wie computer- und technikaffin die Jugend von heute ist. Pubertierende sind oft unbekümmert und neugierig, suchen Orientierung und versuchen, ihre Identität auszubilden. Und dies erfolgt immer öfter über das Internet. Dabei können sie – wie hier – zum Täter, aber auch zum Opfer werden.»[18]

Im Sommer 2013 wurde in Norddeutschland ein Sechzehnjähriger zu zwei Jahren und drei Monaten Jugendstrafe verurteilt. Das Gericht war davon überzeugt, dass der Jugendliche seit mehreren Jahren (!) Daten ausspionierte, Spuren verwischt sowie Unternehmen erpresst hatte. Die Ermittler wiesen über siebzig einzelne Vergehen nach. Der Jugendliche beschaffte sich über Phishing-Mails (das sind betrügerische E-Mails, in denen die Opfer dazu aufgefordert werden, Zugangsdaten einzutippen) Zugang zu Kreditkartendaten und bestellte damit über das Internet hochwertige Elektronikartikel, die er sich erst an eine Packstation schicken ließ, bevor er sie anschließend wieder über das Internet verkaufte.

So entstehen aus technikinteressierten Jugendlichen Pseudo-Hacker oder sogenannte Script-Kiddies. Die Grenze hinüber in die Welt, in der man mit geklauten Daten viel Geld verdienen kann, ist kurz. Die Angriffsmöglichkeiten sind eben groß.

Keine Frage, im Bereich der Computer und Laptops hat sich in den letzten Jahren ein Sicherheitsbewusstsein entwickelt. Wie aber sieht es bei mobilen Endgeräten wie den täglich verwendeten Smartphones aus? Ich kenne nur wenige Menschen, die auf ihrem Smartphone einen aktuellen Virenschutz oder gar eine Firewall installiert haben. Dabei sind die Systeme mit einer ähnlichen Funktionalität ausgestattet wie Desktop-PCs oder Laptops. Hacker haben das längst erkannt und dehnen ihren Wirkungskreis immer weiter auf diese mobile Kommunikationswelt aus. Genau wie bei den «großen Computern» gibt es bei den mobilen Helferlein mehrere Ebenen, über die man angreifbar ist.

Per Call-ID-Spoofing zum Beispiel kann man sich mit seinem Telefon als jeder Teilnehmer ausgeben, der man gerade sein möchte. Das funktioniert folgendermaßen: In der Regel wird die Rufnummer, mit der man anruft, beim Empfänger angezeigt, es sei denn, man unterdrückt sie einmalig – per Systemeinstellung – oder dauerhaft über den Provider. (Was viele nicht wissen, ist, dass die Nummer dennoch übertragen wird, nur deren Anzeige wird unterdrückt. Findige Empfänger können diese Nummer wieder sichtbar machen.) Man kann Rufnummern aber nicht nur unterdrücken, man kann sie auch ändern. Dazu gibt es Programme, die sich ebenfalls jeder aus dem Internet herunterladen kann. Eines dieser Programme findet man unter www.phoner.de.

Mit Hilfe solcher Software oder einer ISDN-Anlage lassen sich Anrufermerkmale wie die Nummer des Anrufers manipulieren. Plötzlich ruft der Chef, die Telekom oder eine Bekannte an. Das Vortäuschen einer falschen Identität kann äußerst hilfreich sein, wenn man an interne Informationen herankommen möchte. Besonders gut klappt das Ganze, wenn man sich Eigentümer einer Voice-over-IP-Anlage («Sprache über Computernetze»; VoIP) nennen darf. Dort ist die Manipulation im wahrsten Sinne des Wortes ein Kinderspiel. Hat man kein VoIP zur Verfügung, helfen übliche Suchanbieterseiten im Internet weiter. Nach einer kurzen Registrierung kann im Anschluss eine Servicenummer gewählt werden, bei der man die Empfängernummer eingibt. Zusätzlich muss man die Wunschnummer angeben, die beim Angerufenen im Display angezeigt wird. Einfach ist das und, wie gesagt, für jedermann möglich.

Hacker dringen in FBI-Telefonkonferenz ein

Eine Telefonschalte zwischen der Londoner Polizei Scotland Yard und der US-Bundespolizei FBI ist von Hackern belauscht worden. Doch damit nicht genug: die Gruppe Anonymous stellte die Aufnahmen auch ins Netz.

http://www.tagesspiegel.de/weltspiegel/anonymous-angriff-hacker-dringen-in-fbi-telefonkonferenz-ein/6149772.html

Bei einem derartigen Angriff könnte es sich nicht nur um einen Jugendstreich handeln, sondern auch um den Versuch, an vertrauliche Daten heranzukommen, indem man sich als ein Kollege des gleichen Unternehmens ausgibt. Auf dem Display des Angerufenen wird schließlich die Unternehmensnummer angezeigt. Oder es handelt sich gar um eine gezielte Abzock-Methode. Was nämlich geschieht, wenn der Angreifer es nur einmal klingeln lässt, ist Folgendes: Das Opfer sieht auf seinem Display «Ein Anruf in Abwesenheit». Die betreffende Person klickt auf Rückruf – und die Nummer wird gewählt. Leider nicht die des angezeigten Anrufers, sondern die des Angreifers, hinter der sich beispielsweise eine Mehrwertnummer, besser bekannt unter einer 0190-Nummer, verbergen kann. Hat der Angreifer dann eine Rufumleitung auf die echte Nummer installiert, merkt das Opfer noch nicht einmal, dass es mit der teuren Hotline verbunden ist. In Anbetracht solcher Manipulationsmöglichkeiten erscheint der eine oder andere Vorwurf von Sexhotline-Nutzung einer Person öffentlichen Interesses in ganz anderem Licht. Vielleicht wussten die Opfer tatsächlich nichts davon, dass sie angeblich solche Nummern angerufen haben sollen. Mobbing ist das eine, aber wie soll man ein solches Vorgehen erkennen, geschweige denn beweisen?

Dass Telefonnummern gefälscht werden können, hat sich mittlerweile herumgesprochen. Weit mehr Vertrauen schenken Menschen einer SMS. Aber auch die lässt sich «spoofen», also fälschen. Nehmen wir folgendes Beispiel: Von einem Veranstalter kommt einen Tag vor dem Meeting jene SMS:

Achtung Raumänderung: Die morgige Veranstaltung findet nicht wie geplant im Raum 206 im Gebäude der XY-AG statt, sondern im benachbarten Com-Center, Raum 145. Ich freue mich sehr auf Ihr Erscheinen. Ihr …

Den Aprilscherz bemerken die Teilnehmer vermutlich erst, wenn sie vor der Tür stehen.

Deutlich hinterhältiger wird es, wenn der Angreifer beispielsweise nicht möchte, dass ein Mitbewerber an einem bestimmten Meeting teilnimmt, und die SMS so aussehen lässt:

airberlin – Check-in: Flug AB6112 von MUC nach TXL am 27 JAN um 08:30. Aufgrund des Streiks kommt es zu Verspätungen im Flugverkehr. Ihr Flug AB6112: Neue Abflugzeit 10:30. Wir bitten die Unannehmlichkeiten zu entschuldigen.

Als der unaussprechliche Vulkan in Island sein Unwesen trieb, hätte wahrscheinlich kaum jemand an so einer SMS gezweifelt. In jedem Fall dürfte der Flug weg sein, wenn der «Gespoofte» am Flughafen eintrifft.

Möglich wird das, wenn man Zugang zu einer Schnittstelle des SS7-Protokolls eines Providers hat. Für wenige hundert

Euro lassen sich solche Zugänge erwerben. Sie werden gern von Versendern von Massen-SMS verwendet. Über dieses Protokoll lässt sich im Übrigen auch ermitteln, wo sich ein Handy gerade befindet, aber das ist eine andere Geschichte.

Auch Smartphones im Visier: Cyberkriminelle kaum zu stoppen

Kein wirksamer Schutz in Sicht: Bisher sind Angriffe auf Computersysteme trotz aller Bemühungen nicht einzudämmen. Auch Smartphones gerieten immer häufiger ins Visier von Angreifern, warnt ein Experte.

http://www.n-tv.de/technik/Cyberkriminelle-kaum-zu-stoppen-article6917246.html

SMS-Spoofing stellt zwar einen gewissen Aufwand dar, da der Angreifer wissen muss, dass das Opfer den Flug AB6112 nach Berlin gebucht hat. Hat man diese Hintergrundinformationen jedoch herausgefunden, ist der Rest schnell getan. SMS-Spoofing kann aber noch mehr. Mit Hilfe dieser Angriffsvariante können Täter, wenn es erfolgreich verläuft, das gesamte Telefon übernehmen. Eine SMS mit einem Internetlink genügt. Im Beispiel von eben müsste man in die SMS nur einem Link wie «Bei Rückfragen stehen wir Ihnen unter *www.service-air berlin.de* gern zur Verfügung» einfügen. Natürlich verbirgt sich dahinter keine Service-Hotline der Fluglinie airberlin, sondern die Internetseite des Angreifers. Angezeigt wird vielleicht ein Seitenfehler, der das Opfer darüber informiert, dass die Seite derzeit leider überlastet ist. Das bleibt der Phantasie des Angreifers überlassen. Angeboten wird aber der Download einer App, mit der das Opfer auch alles direkt am Handy erledigen kann. Was das Opfer nicht weiß, ist, dass es sich dabei einen Trojaner auf das Handy lädt.

Mit SMS-Spoofing lassen sich sogar kleinere Produkte erwerben wie Klingeltöne, Parkgebühren oder Automatensnacks: «Senden Sie eine SMS mit... an folgende Nummer.» Ein Abrechnungssystem mit dem Provider im Hintergrund übernimmt die Bezahlung. Mit der Nummer des Opfers natürlich. All das sind Szenarien, die sich im kleinen Stil ausnutzen lassen. Sie sind weniger für organisierte Gruppen oder Nachrichtendienste interessant, zeigen aber dennoch, wie einfach sich Dinge, mit denen wir uns tagtäglich beschäftigen, manipuliert werden können. Es gibt übrigens Wege, solche Manipulationen zu entdecken. Will man im Fall des Caller-ID-Spoofing sichergehen, dass man auch die Nummer desjenigen wählt, den man anrufen möchte, sollte man sie entweder von Hand eintippen oder sie über das Telefonbuch heraussuchen und dann anwählen. In keinem Fall sollte man auf «Rückruf» klicken. Marco Di Filippo von der Berliner Firma Compass Security hat auf dem 13. Deutschen IT-Sicherheitskongress 2011 in Bonn eindrucksvoll vorgeführt, wie diese Dinge funktionieren.

9

Datenmessies und Verantwortung

Die Veröffentlichungen von Edward Snowden im Sommer 2013 waren ein Skandal, der die ganze Nation erschütterte. Werden wir systematisch ausgeforscht, und leben wir in Wirklichkeit in einem Überwachungsstaat? Diese Fragen hatten eine nie zuvor da gewesene Präsenz. Dabei war das Thema nicht neu. Bereits seit Jahren schlugen Medien diesbezüglich immer wieder Alarm. Doch spätestens mit Bekanntwerden des Lauschangriffs auf Frau Merkel stand klar vor Augen: Verlieren wir am Ende unsere Freiheit, weil wir uns zu lange eine Informationswelt ohne Grenzen gewünscht haben?

Das führt zu PRISM, zu einem seit 2005 existierenden Überwachungsprogramm, das großflächiges Abhören von Kommunikation ermöglicht, PRISM zeigte erstmalig auf, auf welchen Pulverfässern wir hinsichtlich unsicherer Computer sitzen. Das erste Fass in Bezug auf den Schutz personenbezogener Daten wurde schon in die Luft gejagt. Die Fässer Verfügbarkeit von Systemen oder gar kritischer Infrastruktur ruhen noch in unserer Mitte. Durch die Enthüllungen des NSA-Mitarbeiters Edward Snowden wurde einer breiten Öffentlichkeit bewusst, welche Auswirkungen es haben kann, wenn wir Stellen oder Geräten vertrauen, die Vertrauen nicht verdienen.

Vertrauen ist die Basis dafür, dass Menschen über das Internet einkaufen, Cloud-Dienstleistungen in Anspruch nehmen oder per SMS, Twitter und E-Mail miteinander kommunizieren. Somit ist auch nachvollziehbar, dass unter befreundeten Ländern relevante Daten ausgetauscht werden, es ist jedoch inakzeptabel, wenn Terrorabwehr zum vorgeschobenen Grund heimlicher Online-Durchsuchungen und von Wirtschaftsspionage wird. Das Gute an Demokratien ist, dass sie die Kraft besitzen, solche Missstände aufzuzeigen und zu beseitigen. Deshalb darf man mit Zuversicht davon ausgehen, dass es zumindest in demokratischen Ländern weiterhin ein freies Internet geben wird. Man darf aber auch davon ausgehen, dass Geheimdienste weiterhin versuchen werden, an alle nur verfügbaren Informationen heranzukommen. Allerdings muss man auch darauf vertrauen können, dass dies unter rechtsstaatlichen Bedingungen geschieht.

Wichtig ist es, dieses erschütterte Vertrauen wiederherzustellen. Dazu müsste man über den tatsächlichen Ist-Zustand Klarheit schaffen:

- Hört die NSA auch zum Zweck der Wirtschaftsspionage Leitungen ab?
- Werden Daten aus der Überwachung an Wirtschaftsunternehmen weitergegeben?
- Welche politischen Parteien und Amtsträger sind Zielobjekte der Überwachung?
- Werden supranationale Organisationen wie die EU gezielt nach politischen und wirtschaftlichen Fragen ausgespäht?
- Werden Daten über Rüstungskonzerne und militärische Einrichtungen erhoben?

Diese Fragen sollten in Richtung USA, darüber hinaus aber auch an Edward Snowden gestellt werden. Außerdem wären Fragen wichtig, die Licht in die dunklen Verfahrensweisen der NSA brächten:

• Werden Daten willkürlich abgehört oder zielgerichtet?
• Welche Befugnisse haben die Dienste, um Daten zu erheben, zu verarbeiten und zu speichern?
• Welche Beschränkungen gibt es?

Bei der Debatte um amerikanische Ausforschungsaktivitäten im Internet ging es auch immer wieder darum, inwieweit deutsche Stellen Kenntnis hatten. *Der Spiegel* nahm als Aufmacher für sein Heft 28/2013 sogar ein Snowden-Zitat: «Die stecken unter einer Decke mit den Deutschen.» Mit Äußerungen wie diesen wird das Vertrauen zwischen Staat und Bürgern in Frage gestellt. Es geht darum, ob der Schutzanspruch, den Bürger gegenüber dem Staat haben, ins Leere läuft.

Die deutsche Regierung hat die Pflicht, seine Bürger vor Ausspähung und Überwachung zu schützen und an den Stellen, an denen ein Grundrechtseingriff prinzipiell erfolgen kann, dafür zu sorgen, dass dieser mit rechtsstaatlichen Mitteln erfolgt und nicht willkürlich geschieht. Der vielfach zitierte Satz «Das Internet darf kein rechtsfreier Raum sein!» ist vor diesem Hintergrund zu sehen, denn wir haben diesen Schutzanspruch auch im virtuellen Datenraum.

Es ist für Bürger grundsätzlich nachzuvollziehen, wenn Daten nach terrorrelevanten Inhalten durchkämmt werden, weil damit eine konkrete Gefahrenabwehr verbunden ist. Es ist jedoch inakzeptabel, wenn dies willkürlich geschieht, wenn jeder verdächtigt wird und wenn Staaten andere Ziele damit verfolgen als die der Gefahrenabwehr. Es geht gegen unser Rechtsempfinden, wenn Sinn und Zweck der Datenanalyse staatliche Repression gegenüber Andersdenkenden sein könnte – oder wenn dadurch angestrebt wird, dem einheimischen Unternehmen einen wirtschaftlichen Vorteil gegenüber der ausländischen Konkurrenz zu verschaffen. Schnell ist dann von staatlicher Schnüffelei die Rede – zu Recht.

Amerikanische Unternehmen wie Apple, Facebook, Yahoo!, Google, Microsoft & Co. stehen durch die Veröffentlichung im Ruf, nur noch bedingt Herr der eigenen Daten zu sein. Es hat beinahe den Anschein, als könnten sich die US-Dienste nach Belieben bei den großen Konzernen bedienen. Dabei haben alle der genannten Firmen europäische Niederlassungen und unterliegen damit auch europäischen Richtlinien bezüglich eines Datenexports in die USA. Doch was hilft es – salopp formuliert –, wenn die Gesetze zwar gut sind, die Bürger aber kein Vertrauen in ihre Umsetzung haben. Automatisch gehen wir davon aus, dass bundesdeutsche Regelungen zum Datenschutz in anderen Ländern gelten – vielleicht nicht in allen, aber zumindest in den europäischen. Das ist mitnichten der Fall. Nicht ohne Grund siedeln sich Internetunternehmen beispielsweise besonders gern in Irland an. Die einschlägigen Datenschutzbestimmungen sind um ein Vielfaches lockerer als in Deutschland.

Internationale Abkommen und Umsetzung in nationales Recht wären ein Schritt in die richtige Richtung, nämlich hin zum Schutz eines verfassungsgemäß zugesicherten Rechts auf informationelle Selbstbestimmung. In Zeiten weltweiten Datenverkehrs, aber einer dennoch durch Partikularinteressen getriebenen Weltgemeinschaft ist dieser Anspruch allerdings nicht einfach umzusetzen. In Zeiten, in denen konkrete Gefahren drohen und Menschen freiwillig und gern alle Daten im Internet zur Verfügung stellen, noch weniger.

Staatliche Aufgabe ist es, den Schwachen vor dem Starken zu schützen – auch vor staatlicher Willkür. Das ist einer der Grundgedanken, auf dem unser Rechts- und Ordnungssystem beruht. Das amerikanische Rechts- und Ordnungssystem funktioniert übrigens nicht anders. Bei der Diskussion im Sommer 2013 ging es also um nicht weniger als um das Vertrauen in Rechtssicherheit, die der Staat in der Lage ist zu gewährleisten. Allerdings entbindet die Forderung nach erhöhter Rechtssicherheit Bürger nicht von ihrer Eigenverantwortlichkeit bei der Freigabe von Daten an Dienste-Anbieter wie Facebook.

Neben dem Vertrauen in Rechtssicherheit geht es auch um das in Produkte, besser gesagt um die Angst, die bei der Nutzung amerikanischer Produkte auftauchen könnte. Kann man sich dann gleich von seinem Recht auf Privatsphäre verabschieden? Neu ist diese Überlegung nicht, denn dass man mit dem nötigen Aufwand so ziemlich alles abhören kann, was man will, ist seit langem bekannt. Aber durch die Diskussion im Sommer 2013 wurde sie uns erstmalig richtig bewusst.

Provider und Hersteller sind darüber hinaus nahezu weltweit dazu verpflichtet, mit den staatlichen Stellen zu kooperieren. Außerdem enthalten die meisten Netzwerkprodukte eine Funktionalität für sogenanntes Legal Interception (LI), also das Abhören durch staatliche Stellen. In den meisten Ländern ist das auch gesetzlich vorgeschrieben. Durch SORM-2 in Russland, den CALEA-Act in den USA sowie das G10-Gesetz in Deutschland, um nur einige Beispiele zu nennen.

Insbesondere geht es darum, ob Menschen allein deshalb damit rechnen müssen, dass ihre Eingabe ins Internet belauscht wird, weil sie ein bestimmtes Produkt verwenden. Die Antwort ist eindeutig: ja! Und zwar fortwährend. Jedes Mal, wenn wir etwas in die Suchmaske bei Google eintippen, stopfen wir Futter in den Fressschlitz eines hungrigen Datenfressers. Der heißt allerdings nicht USA, Deutschland oder Großbritannien, sondern Google, Facebook, Apple & Co. Im Prinzip kann man sagen, dass bei aller Aufregung um die Geheimdienste die großen Unternehmen genau das Gleiche machen, nur auf Grundlage eines anderen Geschäftsmodells. Unsere Daten geben wir freiwillig ein und gleichzeitig frei.

Selbst einer der Auserwählten, die Edward Snowden befragen durften, der amerikanische Chiffrierexperte und Internetaktivist Jacob Appelbaum, räumte in einem *Spiegel*-Interview ein, dass es ohne die Hilfe von Google, Facebook & Co. noch vor wenigen Jahren unvorstellbar gewesen wäre, dass «einige wenige Staaten mit der Hilfe privater Firmen irgendwann in der Lage sein könnten, gegen alle demokratischen Spielregeln ein Netz annähernd globaler Überwachung aufzubauen»[19].

Mit jeder Eingabe werden diese Unternehmen etwas schlauer. Google möchte am liebsten *alle* Daten von uns haben. Unsere Bilder (Picasa), unsere Dokumente (Google Docs), was wir wann machen (Google Calendar), mit wem wir befreundet sind (Google+), wann wir wo essen, trinken oder schlafen (Google Maps), unsere E-Mails (Google Mail), was wir sehen (YouTube) und wie wir uns im Internet bewegen (Google Chrome) oder in der realen Welt (Google Street View/Google Reiseauskunft/Android Navigation). Google möchte, dass wir mit dem hauseigenen Google Smartphone (Nexus) und mit dem hauseigenen Betriebssystem (Android) über Bypass-Geräte in Läden unsere Einkäufe bezahlen (Google Wallet). Google kartographiert die Welt mit Satellitenbildern und will die

Datenmessies und Verantwortung

komplette Bibliothek der Menschheit digitalisieren (Google Earth/Google Books). Wem das nicht genügt, kann Unterwasserwelten beobachten (Google Ocean) oder den Mond hochauflösend betrachten (Google Moon). Google investiert in Robotertechnologien und versucht Dinge zu ermöglichen, wozu bisher Menschen nötig waren. Die Zulassung des ersten autonomen Fahrzeugs in den USA wurde bereits erwähnt. Mit Google Glass bringt der Konzern eine Brille auf den Markt, bei der eine Kamera das Umfeld filmt, und die verfügbaren Informationen werden automatisch in das Sichtfeld des Benutzers eingeblendet. Übersetzt werden Meldungen mit dem eigenen Werkzeug Google Translate. Selbstverständlich können Nutzer ihre Daten in die eigene Cloud ablegen (Google Cloud), auch investiert das Unternehmen nebenbei in Windenergie, um künftig Haushalte mit Strom versorgen zu können.

Die ganzen erhobenen Daten werden ausgewertet, verarbeitet, gespeichert und weiterverkauft. Über ausgefeilte Algorithmen weiß Google oft schon vorher, was geschieht. So kann man den Verlauf einer Grippewelle über Suchanfragen zu Grippesymptomen voraussagen oder wer den nächsten Eurovision Song Contest gewinnen wird. Mit all dem macht der amerikanische Konzern einen Jahresumsatz von circa 50 Milliarden US-Dollar. Facebook verdient ebenfalls sein Geld mit der Vermarktung von Informationen und Daten. Als der Aktienwert der Internetfirma bereits kurz nach dem Börsenkurs im Sommer 2012 rapide sank, forderten die Investoren lautstark von dem Unternehmen, aus den gespeicherten Daten neue Geschäftsmodelle zu entwerfen. Daten sind das neue Öl und damit Gold wert. Menschen sind erstmalig Nutzer und Ware zugleich.

Apple oder Microsoft agieren nach dem gleichen Geschäftsmodell und generieren ebenfalls eine gigantische, kaum überblickbare Datenmenge. An diese wollen Geheimdienste gern heran. Aus deren Sicht ist das verständlich, aber diesem Wunsch müssen Gesetzgebungen widersprechen. Es macht durchaus einen Unterschied, ob man bei einem konkreten Verdacht anlassbezogen Telekommunikationsbetreiber zur «Ausleitung» personenbezogener Daten und Kommunikation verpflichtet, einen direkten Zugang zu den größten Internetdienstleistern wie Google installiert oder gleich *alles* flächendeckend mitschneidet und aufbewahrt, wie es die Briten offenbar mit Tempora tun. Sämtliche Alternativen sind, wie gesagt, rechtliche Fragen, denn dass sie technisch möglich sind, ist nicht neu. Selbst zu Zeiten, als Lichtwellenleiter noch als abhörsicher galten, musste man sich nach dem Mauerfall eines Besseren belehren lassen und war überrascht darüber, dass die DDR sehr wohl in der Lage war, diese ebenfalls anzuzapfen.

Doch was wäre, wenn es gelänge, eine international einheitliche, mit höchsten datenschutzrelevanten Hürden verbundene Verarbeitung von Daten zu etablieren? Zugegebenermaßen, das ist kein besonders realistisches Szenario, aber was wäre, wenn? Wären wir damit am Ziel? Wären unsere Daten und Computer dann sicherer vor unbefugten Zugriffen geschützt? Ja und nein. Ja, denn wir wären vor unberechtigten staatlichen und gewerblichen Zugriffen geschützt. Aber Staat und Wirtschaftsunternehmen sind nur zwei Spieler, die man aus dem Spiel der unbegrenzten technischen Möglichkeiten herausnimmt. Hacker, Kriminelle, Script-Kiddies, Aktivisten und Terroristen sind weiter mit von der Partie, denn es liegt in der Natur der Sache, dass sich Akteure, die rechtswidrig handeln, nicht um Recht und Gesetz kümmern. Was sie benötigen, ist die Motivation und die Gelegenheit. Gelegenheit bekommen sie, weil die IT-Sicherheit in den Netzen und Geräten mangelhaft ist.

Datenmessies und Verantwortung

Last but not least braucht es aber auch einen bewussteren Umgang mit schützenswerten Informationen. Jeder Einzelne kann, wenn er denn will, etwas für die Sicherheit seiner Daten tun, beispielsweise durch Datensparsamkeit oder Verschlüsselung. Nutzer tragen in keiner Weise Schuld an der Ausspähung ihrer Daten, doch sie können mit ihrem Verhalten etwas zur Verhinderung beitragen. Das Merkwürdige ist, dass das keiner tut. Mal ehrlich, wer postet aufgrund der Berichterstattung über PRISM oder Tempora weniger in den sozialen Netzwerken oder legt Dokumente seitdem verschlüsselt bei Dropbox ab? Erschreckenderweise ändern selbst Berichterstattungen à la Edward Snowden kaum etwas am Vorgehen der Nutzer.

Alles also doch nur geheuchelt? Vorgetäuschte Pseudo-Empörung einer Generation voller Wutbürger? Nimbys (Akronym für «Not in My Back Yard – Nicht in meinem Hinterhof») und Sankt-Florian-Prinzip-Bürger, so weit das Auge reicht? Ich denke nicht, denn erstmalig wird das Problem IT-Sicherheit von Bürgern überhaupt wahrgenommen. Kaum ein Grillabend verging im Sommer 2013, ohne dass zwischen mariniertem Halsgrat, Käsekrainer und gegrillten Gemüse über «diese Abhörsache mit den USA» gesprochen wurde. Kaum ein Fest, auf dem nicht über ausgespähte Handys wie das der Kanzlerin gefrotzelt wurde. Das ist gut, denn wir brauchen dringend eine öffentliche Diskussion über die Sicherheit unserer Daten und Systeme, denn ohne sie verlieren wir einen Teil unserer Unabhängigkeit und Freiheit gleich mit.

10

Warum ist Abwehr so schwer?

«Geisternetz» klingt eher nach etwas Unglaubwürdigem aus der Welt der Paranormalität als nach einem IT-Vorfall, doch genau das war es: ein unsichtbares Netz, das sich über nahezu 1300 Computer in 103 Ländern spannte und dabei unter anderem Botschaften, Regierungsnetzwerke, aber auch militärische Einrichtungen infiltrierte. GhostNet war in der Lage, den jeweiligen Computer komplett zu übernehmen, angeschlossene Geräte wie zum Beispiel Webcams zu steuern und gezielt nach Informationen zu suchen. Forscher aus Toronto und Cambridge hatten das Netz 2008 enttarnt, nachdem sie im Raum stehenden Gerüchten um Cyber-Spionage von China gegen die tibetanische Exilregierung nachgingen. Nicht nur auf den Computern des Dalai Lamas fanden die Auftraggeber des Forscherteams die Spuren der Chinesen, sondern auch auf Rechnern zahlreicher Unternehmen, die ahnungslos ihrer normalen Tätigkeit nachgingen.

Zusätzlich zu solchen Untersuchungen wie über GhostNet verzeichnete auch das Bundesamt für Verfassungsschutz eine beständig steigende Anzahl von Angriffen auf das Regierungsnetz. Neben den herkömmlichen «Wald- und Wiesenversuchen» werden pro Jahr mehrere tausend zielgerichteter Attacken qualifizierten Angreifern zugeschrieben. Über 2500 solcher Vorstöße waren es 2012, bei denen man davon ausgehen konnte, dass sie von anderen Nachrichtendiensten verübt wurden. Weil jedoch privatwirtschaftliche Netze durch das BSI nicht beobachtet werden (können), lässt sich die Höhe der Angriffe auf die Wirtschaft nur schätzen. Demzufolge blieb nur übrig, den Presseberichterstattungen und den Sicherheitsdienstleistern Glauben zu schenken.

Laut einer Studie von Symantec haben gezielte Ausspähungsversuche im Jahr 2012 sogar um 42 Prozent zugenommen. Die Attacken, so heißt es darin, würden sich in erster Linie gegen produzierendes Gewerbe und mittelständische Unternehmen richten.[20] «Wie Don Quichote kämpfen deutsche Unternehmen gegen windmühlenartige Angriffe auf ihre Netze», äußerte sich Klaus-Hardy Mühleck, einer der dienstältesten Chief Information Officers (CIO) der deutschen Industrie, in einem gemeinsamen Gespräch. Immerhin: Seit dem Herbst 2011 weiß die deutsche Spionageabwehr mehr und kann aus den Erfahrungen mit Unternehmen diesen Trend bestätigen. Erstmalig öffneten sich Firmen in einer größeren Anzahl und baten die Verfassungsschutzbehörden um Unterstützung bei der Abarbeitung von elektronischen Angriffen. Die Einblicke, die man gewann, waren schlimmer als befürchtet. Warum eine Abwehr so schwer ist, obwohl sich Unternehmen, Staaten und Privatpersonen mit Sicherheitsprodukten schützen, dafür gibt es drei handfeste Gründe.

1. Komplexität

Die hohe Komplexität betrifft die der Programme, der Infrastruktur, der Verfügbarkeit von Daten sowie der Sicherheitsprodukte. So stellt selbst einer der größten Systemlösungsan-
bieter der Welt, IBM, in einer Werbeanzeige für intelligente
Technologien fest: «Die gute Nachricht ist, dass IT-Lösungen
immer ausgereifter werden. Die schlechte, sie werden immer
komplexer. Und Komplexität hat ihren Preis.»

Programme müssen immer mehr Funktionen beherrschen
und werden dadurch ständig komplexer. Zu keiner Zeit, in keiner Generation gab es in so kurzer Zeit so umfassende und ra-
sante technische Entwicklungen. Am deutlichsten kann man
das am erhöhten Funktionsumfang von Handys und Autos
beobachten. Noch vor acht Jahren hatten Mobiltelefone ein mo-
nochromes Display, einen, wenn man etwas mehr Geld investierte, polyphonen Klingelton – und man konnte mit den Geräten ausschließlich telefonieren. Heute kann man während einer
Zugfahrt MP4-gerippte DVDs anschauen, E-Mails lesen, im Internet herumstöbern, mit einer digitalen Wasserwaage im Telefon mal eben messen, ob das Tischchen vor uns in der zweiten
Klasse auch wirklich gerade hingeschraubt wurde, und darüber
nachdenken, ob die gespeicherten Musikalben für eine Reise
zum Mond und zurück ohne Unterbrechung ausreichen würden. Sie würden.

Am Beispiel von Microsoft Windows lässt sich der rasche
technische Fortschritt ebenfalls gut dokumentieren. Benötigte
man für die Variante Windows NT 3.1 im Jahr 1993 noch etwa
200 Programmierer für rund vier Millionen Zeilen Programmcode, waren es für Windows XP bereits 1800 Programmierer
für vierzig Millionen Zeilen – Tendenz steigend. Menschen ma-

chen Fehler, und 1800 Programmierer sind viele Menschen. Wie anfällig die Systeme sind, sieht man an der Zahl der Nachbesserungen, die jeden Monat herausgegeben werden.

In der Welt der IT gibt es Hotfixes oder Patches (von engl. *to fix* = reparieren oder engl. *to patch* = flicken). Das sind meist kleine Programme, die eingespielt werden, um ein Problem zu beheben. Mittlerweile vergehen kaum Tage, an denen nicht irgendein Patch an Kunden verteilt wird oder Probleme schnell gefixt werden müssen, so komplex und unübersichtlich sind Programme inzwischen geworden. Das Gravierendste – wir tolerieren diesen Umstand. Man kauft ein Stück Hardware, beispielsweise einen neuen Computer, stellt ihn zu Hause auf und ist gezwungen, zunächst mehrere GB-Daten aus dem Internet zu laden, um vorhandene Sicherheitslücken zu stopfen. Wie bei Mensch-ärgere-Dich-nicht ist jedes Gerät, das ins Spiel kommt, gefährdet. Diese Fehlertoleranz gestatten wir ausschließlich der IT-Industrie. Nebenbei bemerkt ist auch Software so ziemlich das Einzige, was ohne Produkthaftung verkauft wird.

Nach dem Patch ist vor dem Patch. Sepp Herberger, wäre er denn Computerexperte gewesen, hätte sicher seine helle Freude an diesem Umstand gehabt. Im Umkehrschluss bedeutet das aber auch, dass Computersysteme nicht nur zum Zeitpunkt der Auslieferung unsicher sind, sondern es bleiben, weil sie zu komplex sind. Flickschusterei ist eigentlich ein Schimpfwort, trifft es hinsichtlich der Sicherheit allerdings ziemlich genau, denn nur nach und nach werden erkannte Sicherheitslücken gestopft. Kostenlose Updates oder den Funktionsumfang erhöhende Serviceleistungen nennen es manche Hersteller, in Wahrheit aber sind Programme löchrig wie ein Schweizer Käse. Diese Tatsache trifft alle Anwender gleichermaßen. Behörden wie Unternehmen, staatliche Betreiber von IT-Strukturen genauso wie Privatanwender. Patchwork als gesellschaftliches Problem einmal ganz anders betrachtet.

Neben den Programmen übersteigt häufig auch die Infrastruktur der Unternehmen die Grenze der Übersichtlichkeit. Der Sicherheitsexperte der EU, der hinter vorgehaltener Hand von «*too big to be protected*» gesprochen hatte, resignierte im Grunde genau vor der zu hohen Komplexität. Als im Frühjahr 2012 ein Konzern mit einem der größten IT-Vorfälle der Firmengeschichte zur Spionageabwehr des Verfassungsschutzes kam, teilte mir der dortige Informationstechnik-Chef mit, man könne das infizierte Teilnetz nicht abschalten, weil man nicht wisse, was dann geschehen würde. Einen eventuellen Ausfall der Produktion könne man auf keinen Fall riskieren. Auch «*too big to be protected*»? Ist gar die gesamte Gesellschaft schon zu vernetzt und damit «*too big to be protected*»?

Bei großen Unternehmen handelt es sich häufig um über Jahrzehnte gewachsene IT-Strukturen oder um einen bunten Strauß hinzugekaufter Einzelfirmen, in denen jeweils eigene IT-Fürsten «regieren». Jeder Betrieb mit einer eigenen IT-Infrastruktur und unterschiedlicher Softwareausstattung. Hinzu kommen neue gesellschaftliche Entwicklungen wie die Nutzung privater IT am Arbeitsplatz (Bring Your Own Device; BYOD) oder der Wunsch von Chefs, neue Produkte wie iPads oder Smartphones unbedingt nutzen zu wollen, obwohl sie nur mangelhaft in die bestehenden Strukturen integriert werden können. Dank günstiger Adapter vom IT-Discounter werden Geräte für 69 Euro an das Internet angeschlossen und miteinander vernetzt, die nie dafür gedacht waren. Dass das an sich schon ein Sicherheitsproblem darstellt, möchte ich gar nicht weiter betonen. Insgesamt führt dies aber zu einer äußerst komplexen IT-Infrastruktur mit diversen Verantwortlich-keiten und unterschiedlichsten Geräten. Was wiederum der blanke Horror für ein ganzheitliches Sicherheitskonzept ist. Konzernweites Konsolidieren und Ausrollen einheitlicher Produkte ist zeit- und kostenintensiv. Hier haben kleinere Firmen einen eindeutigen Vorteil.

Neben den Produkten und der Infrastruktur ist es die Daten-haltung selbst, die im Unterschied zu vergangenen Zeiten sehr viel unübersichtlicher geworden ist. Da Daten rasch kopiert, per E-Mail verschickt und an allen Orten der Welt ausgedruckt werden können, ist es schwierig, eine Übersicht darüber zu behalten, wo sich welche gerade befinden. Ihren Fluss zu beobachten ist schier unmöglich. Daten sind inzwischen mindestens ebenso mobil wie Mitarbeiter geworden.

Im Sommer 2012 traf ich mich mit dem Verantwortlichen für IT-Sicherheitsmanagement eines Automobilkonzerns zum Abendessen am Münchner Flughafen. Er war gerade viel unterwegs, und so bot es sich an, dass wir uns bei einem seiner Zwischenstopps trafen. Im Airbräu ließ es sich gut unterhalten, außerdem konnte man draußen sitzen, und der Wurstsalat war eine Sensation.

«Weißt du, was wir neulich gemacht haben?», fragte er mich, nachdem wir bestellt hatten.

«Keine Ahnung, sag schon», erwiderte ich.

«Wir wollten feststellen, ob wir es überhaupt bemerken würden, wenn jemand 200 Gigabyte-Daten nach China verschickt. Also nahmen wir irgendwelche Blinddaten und schickten sie von einem Arbeitsplatz aus übers Internet nach China.»

«Und?», fragte ich neugierig. Immerhin waren 200 Gigabyte eine große Datenmenge.

«Nichts. Keine Reaktion. 200 Gigabyte fallen überhaupt

nicht auf. Weltweit kommunizieren wir mit über sechzig Dependancen unseres Konzerns und verschicken dabei allein von unserem deutschen Headquarter in etwa neun Terabyte Daten täglich. Welche Daten dabei um die Welt gehen, wissen wir eigentlich nicht. Verrückt, nicht wahr?»

In der Tat. Allerdings kein Einzelfall, denn die Zeiten, in denen Akten von Tisch zu Tisch gereicht oder in Archiven im Keller gelagert wurden, sind Geschichte. Heute werden sie über das Internet quer durch die Welt gejagt oder verschwinden, auf Datenträgern gespeichert, in Akten- oder Hosentaschen. Mitarbeiter von Unternehmen reisen quer durch die Welt und tragen tonnenweise Daten mit sich herum. Moderne Smartphones haben mit Hilfe von Secure Digital Memory Cards (SD-Cards; «sichere digitale Speicherkarte») oft riesige Speicherplätze. USB-Sticks, DVDs oder Digitalkameras sind ebenfalls allesamt Geräte, die Massen an Dokumenten und Daten aufnehmen. Der Ausdruck «komplexe Datenhaltung» scheint da fast noch geschmeichelt, «chaotisch» wäre wohl treffender. Einmal unterwegs, müssen die Daten noch nicht einmal gestohlen werden, es reicht, wenn Mitarbeiter sie verlieren. Eine Studie des Ponemon Instituts im amerikanischen Bundesstaat Michigan belegt, dass allein auf europäischen Flughäfen etwa 3200 Laptops verloren werden. Pro Woche. Die Frage ist, welche Art Daten dabei abhandenkommen. Handelt es sich um Speisepläne der hauseigenen Kantine, fällt der Verlust nicht weiter ins Gewicht. Handelt es sich um vertrauliche Dokumente, kann der Schaden oft gar nicht bemessen werden.

Der Fall, der sich im Februar 2012 am Pariser Bahnhof Gare du Nord abspielte, ist so einer. Es war ein wichtiger Gipfel gewesen, dieser Französisch-Britische Atomindustrie-Gipfel.

Schließlich verkündeten die beiden damaligen Staatschefs, Nicholas Sarkozy und David Cameron, den Start der nächsten Phase einer gemeinsamen Kampfdrohne. Zusammen wollten der englische Rüstungskonzern BAE Systems und das französische Unternehmen Dassault Aviation bis 2020 das unbemannte Kampfflugzeug entwickeln.

Eine Woche später begab sich ein hochrangiger Vertreter von Dassault Aviation auf Geschäftsreise nach Großbritannien. Gemeinsam mit seiner Begleiterin wollte er den Eurostar nach London nehmen. Just in dem Moment, als er an einem Ticketautomaten stand, seine Aktentasche auf dem Boden, wurde seine Begleiterin von einem fremden Mann belästigt. Er drehte sich um, um ihr zu Hilfe zu kommen. Diesen Augenblick passte der Dieb ab und entwendete die Tasche, die voller geheimer Dokumente und Daten über das geplante Drohnenprojekt mit den Briten war. Der Mann, der die Frau belästigt hatte, verschwand genauso schnell und klanglos, wie er aufgetaucht war. Reiner Zufall? Ein gewöhnlicher Taschendiebstahl, wie er während der Hauptbetriebszeit des Bahnhofs vielfach geschieht? So zumindest beurteilte der Pressesprecher des französischen Unternehmens den Vorfall gegenüber den Medien. Die örtlichen Polizeibehörden wollten nicht so recht an einen Zufall glauben, denn trotz Sicherheitskameras konnten die Täter unerkannt entwischen. Aus meiner Erfahrung würde ich mich den Polizisten anschließen, denn Geheimdienste überlassen nur ungern Dinge dem Schicksal. Nun ist es nicht so, dass man hinter jedem Straßenraub oder Einbruch einen gezielten Angriff vermuten muss, aber die Möglichkeit, dass es sich um mehr als nur puren Zufall handeln könnte, sollte in Betracht gezogen werden, insbesondere dann, wenn schützenswerte Daten gestohlen wurden.

Weil Daten überall in der Welt verstreut sind sowie doppelt und dreifach gespeichert werden, verdoppeln und verdreifachen sich auch die Angriffsmöglichkeiten – und erschweren eine Abwehr enorm. Selbst im privaten Bereich kennt man das Problem der ungezielten Verteilung, wenn etwa unbeschriftete CD-Rohlinge beim Frühjahrsputz gefunden werden und niemand mehr weiß, was darauf gespeichert ist. Ähnliches geschieht bei älteren Mobiltelefonen, USB-Sticks oder einstigen Speicherkarten.

Und mit den Sicherheitsprodukten ist das alles keineswegs einfacher geworden. Im Gegenteil: Häufig sind diese selbst so vertrackt, dass sie nur noch «out of the box» installiert und im Anschluss nach dem Spruch «*Never touch a running system* – Was läuft, das läuft» nie wieder angerührt werden. Beispiel WAFs (Web Application Firewall). WAFs sind Sicherheitsprodukte, die Kunden davor schützen sollen, dass Sicherheitslücken in Webanwendungen ausgenutzt werden. Angreifer versuchen sich über diese Lücken Zugang zum System zu verschaffen – eines der häufigsten Einfallstore für Hacker. Kurz gesagt: Er ist dann drin. WAFs galten lange Zeit als Allheilmittel gegen derartige Attacken. Konnte man doch genau konfigurieren, welche Anfrage auf welches Programm zugreifen durfte, wer also ins System durfte und wer nicht. Das Problem dabei: Ist der digitale Türsteher falsch konfiguriert und sagt nicht: «Du bleibst hübsch draußen», sondern: «Willkommen und einen schönen Abend noch», ist der Angreifer wiederum im System. WAFs sind so komplex zu konfigurieren, dass man dies meist nur einmal zu Beginn der Inbetriebnahme macht und dann nie wieder. Wer dies als Privatanwender schon einmal versucht hat, weiß das. Das Strom- und Gasunternehmen E.ON beispielsweise betrieb bis 2010 eine Firewall mit circa 80 000 Einzelregelungen. Ob sich jemals jemand deren Protokolle angesehen hat? So gerät Sicherheit durch zu hohe Komplexität zu einer Farce und führt zu einer gefühlten Sicherheit, die in Wahrheit keine ist.

Selbst unkompliziertere Produkte wie ein Virenschutz sind häufig kaum zu konfigurieren. Stellt man den Virenscanner zu scharf, meldet er dauernd Alarm, meldet er sich niemals, fragt auch keiner nach – er wird schon wissen, was er tut. Die Firewall, die mit Windows Vista ausgeliefert wurde und erhöhte Sicherheit versprach, fragte plötzlich nach jedem Vorgang: «Erlauben, verbieten, abbrechen?» Das nervte die Anwender derart, dass die gutgemeinte Windows-Firewall häufig kurzerhand abgeschaltet wurde und die Nutzer den Computer fortan ohne Schutz betrieben.

Im Juni 2013 wurde ich selbst Zeuge einer typischen «Sicherheit-ist-einfach-Situation». Während ich an einem Vortrag arbeitete, erschien auf dem Bildschirm meines Apple-Computers plötzlich eine Meldung: «Es sind Updates für Ihren Computer verfügbar. Jetzt installieren?» Bei genauerem Hinsehen stellte sich das Update als ein Patch zu einem MS-Office Produkt heraus. Aha, dachte ich, darüber wollte ich ja eh noch schreiben, und klickte auf «Informationen». In dem erscheinenden Fenster war Folgendes zu lesen:

Mit diesem Update werden kritische Probleme behoben und die Sicherheit erhöht. Es enthält Korrekturen für Sicherheitslücken, die von einem Angreifer zum Überschreiben der Inhalte des Arbeitsspeichers Ihres Computers mit Malware ausgenutzt werden können.

Detaillierte Informationen zu diesem Update erhalten Sie auf folgender Website http://go.microsoft.com/fwlink/? LinkId=301267.

Warum ist Abwehr so schwer?

Malware war ein Computerschädling, und die angegebene Website eine Umleitung zu einer anderen Seite. Aus Sicherheitsgründen wird so etwas eigentlich nicht gemacht. Aber egal, dachte ich, die Jungs aus den USA werden schon wissen, was sie tun. Unter support.microsoft.com/kb/2848689 las ich dann:

Es liegt eine Sicherheitsanfälligkeit bezüglich Remotecodeausführung vor, die dadurch verursacht wird, wie Microsoft Office-Software speziell gestaltete Office-Dateien analysiert. Nutzt ein Angreifer diese Sicherheitsanfälligkeit erfolgreich aus, kann er die vollständige Kontrolle über ein betroffenes System erlangen. Ein Angreifer kann dann Programme installieren, Daten anzeigen, ändern oder löschen oder neue Konten mit sämtlichen Benutzerrechten erstellen. Für Endbenutzer, deren Konten mit weniger Benutzerrechten konfiguriert sind, kann dies geringere Auswirkungen haben als für Benutzer, die mit administrativen Benutzerrechten arbeiten.

Manche Dinge sollte man erst gar nicht lesen, dachte ich. Was wie ein normales Update daherkommt, ist eine Hammerlücke.

Microsoft dankt den folgenden Personen, dass sie zum Schutz unserer Kunden mit uns zusammengearbeitet haben: Andrew Lyons und Neel Mehta von Google Inc. für den Hinweis auf die Sicherheitsanfälligkeit in Office durch Pufferüberlauf (CVE-2013–1331).

Ein Gedanke huschte durch meinen Kopf: Die Entdecker kommen von Google. Warum testen die eigentlich die Sicherheit von Microsoft-Produkten? Doch noch nicht genug. Microsoft rät unter http://technet.microsoft.com/de-de/security/bulletin/ms13–051 weiter:

Öffnen Sie keine Office-Dateien, die Sie von nicht vertrauenswürdigen Quellen oder unerwartet von vertrauenswürdigen Quellen erhalten. Diese Sicherheitsanfälligkeit *kann ausgenutzt werden, wenn ein Benutzer eine speziell gestaltete Datei öffnet.*

Für **Microsoft Office für Mac** *2011 trennen Sie in der LaunchServices-Datenbank des Betriebssystems X binäre Office-Dateiformate von Office für Mac. Hinweis: Durch diese Problemumgehung wird nicht verhindert, dass Office-Dateien durch die Dateiformatzuordnung automatisch geöffnet werden. Benutzer sind jedoch immer noch anfällig, wenn sie schädliche Office-Dateien manuell aus einer Office-Anwendung heraus öffnen. Verwenden Sie diese Problemumgehung, um Microsoft Office für Mac daran zu hindern, binäre Office-Dateien direkt zu öffnen, und um den Finder als Standardmethode für das Öffnen binärer Office-Dateien zu bestimmen. Diese umfassen die folgenden Dateiformate: .doc, .dot, .docm, .dotm, .ppt, .pot, .pps, .pptm, .potm, .ppsm, .xls, .xlt, .xlsb, .xlsm, .xltm. Öffnen Sie dazu den* **Finder** *und führen Sie diese Schritte für jedes aufgeführte binäre Office-Dateiformat durch:*

Wählen Sie das binäre Office-Dateiformat aus, das Sie trennen möchten, und drücken Sie **Befehl-I**, *um das Dialogfenster* **Info** *zu öffnen.*

Wählen Sie im Abschnitt **Öffnen mit** *im Menü* **Weitere Optionen** *aus.*

Wählen Sie im daraufhin angezeigten Dialogfenster

Warum ist Abwehr so schwer?

Öffnen im Menü **Aktivieren** *die Option* **Alle Programme**
aus.
Navigieren Sie zum Ordner «Macintosh HD> System> Bibliothek> CoreServices, und wählen Sie **Finder** *aus.*
Klicken Sie im Fenster **Info** *auf die Taste* **Alles ändern***, um den Finder als Standardprogramm zum Öffnen aller Dateien im ausgewählten Dateiformat festzulegen. Wenn Sie versuchen, Office-Dateien zu öffnen, wird der Finder angezeigt, und Sie können die Office-Datei öffnen.*

Moment. Wird dann nicht auch die Schadsoftware ausgeführt? Eben hatte Microsoft doch noch geschrieben: «Benutzer sind jedoch immer noch anfällig, wenn sie schädliche Office-Dateien manuell aus einer Office-Anwendung heraus öffnen.» Na gut, erst einmal weiterlesen:

Wiederholen Sie diese Schritte für jedes binäre Office-Dateiformat.
Hinweis: *Sie müssen diese Problemumgehung erneut anwenden, wenn Sie Ihre LaunchServices-Datenbank bereinigen. Durch das Bereinigen der LaunchServices-Datenbank werden Ihre Anpassungen entfernt, und die Werte von «applications info.plist» werden zurückgesetzt.* **Auswirkung der Problemumgehung** *Office-Dateien werden nicht mehr automatisch über die Dateiformatzuordnung geöffnet.*

Ich war etwas verwirrt und entschied mich *gegen* die «Problemumgehung» und *für* die Lösungsschnellstraße. Anschließend klickte ich auf «OK» für Update. Irgendwie hoffte eine innere Stimme, dass das Drücken von «OK» auch wirklich okay war.
Beim Installieren klappte das Update natürlich – nicht! Die

Sicherheitslücke ließ sich laut einer Fehlermeldung nur dann schließen, wenn man die Dienste «Microsoft Database Daemon.app und SyncServicesAgent.app» beendete. Ich versuchte es noch einmal – es trat der gleiche Fehler auf. Ich startete den Rechner neu, öffnete keine anderen Programme – wieder die Fehlermeldung. Immer noch mussten die Dienste «Microsoft Database Daemon.app und SyncServicesAgent.app» beendet werden.

Verdammt, fluchte ich, kein normaler Benutzer weiß, was das bedeutet, geschweige denn, wie man diese Dienste schließen kann. Aber ich beruhigte mich wieder und entschied mich für Google. Immerhin hatten Andrew und Neel von Google ja auch die Sicherheitslücke entdeckt.

Virenverseuchte Dia-Scanner bei Tchibo verkauft

Der Kaffeeröster Tchibo hat in der Vorweihnachtszeit des vergangenen Jahres einen virenverseuchten Dia-Scanner verkauft. «Wie wir erfahren haben, sind einige der für uns von Hama produzierten Dia-Scanner von Schadsoftware befallen», erklärt das Unternehmen in einer Mail an diejenigen Kunden, die das Gerät über den Onlineshop erworben hatten.

http://www.heise.de/security/meldung/Virenverseuchte-Dia-Scanner-bei-Tchibo-verkauft-1776500.html

Nach einigen Minuten wurde ich schließlich in einem Forum fündig. Offenbar war ich nicht der Einzige mit diesem Problem, *Allesmac1* hatte das gleiche:

Aktualisierung von Office for mac. Bei der Installation der aktuellen Version von Office bekomme ich immer die Meldung, dass einige Programme geschlossen werden müssten. Bei den meisten geht das auch ohne Probleme, aber wie schließe ich: Microsoft Database Daemon.app und Sync-ServicesAgent.app???
Unter «sofort beenden» sind beide nicht aufgeführt.
Ohne Beendigung der Programme gibt es kein Update.
Weiß jemand Rat?

FA66 wusste Rat:

... oder notfalls auch anders an die Sache rangehen:
1. Update nicht via MAU laden, sondern manuell über die Website (www.microsoft.com/germany/mac...189208B #viewer).
2. Nach dem Laden einen Reboot in den Sicheren Systemstart.
3. Keine Programme starten (außer freilich dem Installationsprogramm).
4. Installation durchführen.
5. Reboot im Normalstart.

Das klang mehr als kompliziert, doch dann kam der entscheidende Tipp von *TISSOT666*:

Ach, ganz einfach: Unter Aktivitätsanzeige werden beide als Prozesse angezeigt, einfach sofort beenden. Hatte ich gestern auch. Typisch MS, irgendwo hakt's da immer.

Die Aktivitätsanzeige fand ich schnell mit der Lupenfunktion, der Rest war einfach. Geschafft. Sicherheit konnte also doch einfach sein.

Komplexität haftet nicht nur den Produkten an, sondern beginnt vielerorts bereits bei den Unmengen von Passwörtern, PINs und Sicherheitsabfragen, die sich mittlerweile jeder Mensch merken muss. Für den einstigen luxemburgischen Justiz- und Kommunikationsminister François Biltgen wurde der Start ins Jahr 2012 aus diesem Grund auch kein guter. Auf einer eilig einberufenen Pressekonferenz musste er den Diebstahl von 48 670 Patientendaten erklären. Die Patienten waren allesamt Sportler, die im Centre médico-sportif in Luxemburg einer medizinischen Kontrolle unterzogen worden waren. Viel Mühe hatten die Hacker nicht aufwenden müssen. Der behandelnde Arzt hatte die Kennung und das Passwort auf einen Klebezettel notiert und an seinen Monitor geheftet.[21]

Was nach grober Fahrlässigkeit klingt, ist leider kein Einzelfall. Doch wer ist an den Klebezetteln tatsächlich schuld? Ist es der sorglose Umgang, ein mangelndes Bewusstsein oder eine zu hohe Komplexitätsanforderung bei der Passworterstellung? Wahrscheinlich eine Mischung aus den drei Faktoren. Einen Zugangsschutz sollte man in aller Regel im Kopf behalten. Doch bei dem, was sich jeder an Passwörtern und Geheimzahlen merken muss, kommt schon eine Menge zusammen. Das fängt mit der privaten E-Mail-Adresse an, geht weiter über die verschiedenen PINs für Handys, EC-Karten und die Mailbox-Abfrage und endet bei Passwörtern für Onlineportale wie Amazon, eBay oder den eigenen DSL-Router im Wohnzimmer. Die Flut an Zugangskennungen führt dann dazu, stets das gleiche Passwort zu verwenden, oder zu Notizen in Geldbörsen, unter Schreibtischunterlagen, Tastaturen oder eben zu Post-its auf Bildschirmen. Dadurch wird aber nicht nur die eigene Arbeit einfacher, sondern auch die der Angreifer.

Aber nicht nur die Passwortzahl ist ein Problem, auch die hohe Komplexität der verwendeten Geheimcodes. Das Bundesamt für Sicherheit in der Informationstechnik empfiehlt für ein sicheres Passwort mindestens acht Zeichen, Groß- und Kleinschreibung sowie Zahlen und Sonderzeichen. Also Passwörter wie *H!i9&F2b*. Doch *H!i9&F2b* können sich nur wenige Menschen merken. Der IT-Sicherheitsverantwortliche eines Unternehmens richtet sich aber nach dieser Empfehlung und verlangt von allen Mitarbeitern sogar nach sechs Wochen einen Kennwortwechsel nach diesem Muster. Folgt keine Schulung darüber, wie man sich ein sicheres Passwort merkt, entstehen Klebezettel. Anstatt Sicherheit hat man dadurch Unsicherheit aufgrund zu hoher Komplexität.

2. Sicherheit wird kleingeschrieben

Sicherheit ist nicht gleich Sicherheit. Ist die Achse eines Pkws völlig durchgerostet und die Bremse defekt, besteht ein Safety-Problem. Ist der Bordcomputer desselben Fahrzeugs über eine Sicherheitslücke von einem Hacker angreifbar, besteht ein Security-Problem. Leider unterscheidet die deutsche Sprache hier nicht eindeutig. Beide Begriffe, «Safety» sowie «Security», bedeuten Sicherheit, meinen jedoch Verschiedenes. Während «Safety» die Betriebssicherheit von Maschinen und Geräten beschreibt, spricht man von «Security», wenn es um die Integrität eines Systems geht.

In puncto Safety waren wir Deutschen schon immer führend. Das heißt: nicht ganz. «Made in Germany» wurde ursprünglich als eine Art Brandmarkung eingeführt, um den britischen Markt vor minderwertigen Produkten aus Deutschland zu schützen. Es war anfangs also alles andere als ein Qualitätssiegel. Dies geschah vor mehr als 120 Jahren, inmitten der industriellen Revolution, die mit der Entwicklung der Dampfmaschine einherging. Es waren unruhige Zeiten damals. Die Bewohner von Städten wurden immer wieder geweckt, wenn irgendwo in einer Fabrik ein dumpfer Knall von einem explodierenden Dampfkessel die Straßen zittern und Fenster zerbersten ließ. Doch nicht genug, es gab auch Verletzte und Tote. Die Städter wurden im wahrsten Sinn des Wortes wachgerüttelt. Nicht nur aus ihren nächtlichen Träumen, sondern auch gegenüber der Gefahr, die von den neuen technischen Errungenschaften ausging. Das war die Stunde der Technischen Überwachungsvereine (TÜVs), die fortan, mit amtlicher Beglaubigung, regelmäßig Maschinen hinsichtlich ihrer Sicherheit überprüfen sollten. Heute haben Dampfmaschinen – seit der Einführung von Stromnetzen und der Erfindung von Computern – ausgedient und können höchstens noch in Museen oder bei historischen Eisenbahnfahrten bewundert werden. Geblieben sind seit damals die Kontrollen der TÜVs sowie gesetzlich vorgeschriebene Standards im Bereich der Betriebssicherheit.

Doch neben dieser «Safety-Sicherheit» besteht das Problem der «Security-Sicherheit», und durch die Gefahr von entsprechenden Lecks fliegen uns heute Datenskandale um die Ohren. Leider sind Security-Lecks wenig konkret und erfordern aus diesem Grund kein unmittelbares Handeln. Sie haben keine direkten Auswirkungen auf die Gesundheit, die Natur oder das Eigentum. Kein Computerwurm steckt ein Haus in Brand oder lässt den Computer explodieren. Warum also etwas tun? Was dazu führt, dass die Security notorisch unterbewertet wird. Allerdings lagern heutzutage viele Unternehmenswerte sowie persönliche Wertgegenstände auf digitalen Datenträgern. Bleiben dann digitale Türen unverschlossen, kann es durchaus zu realen Konsequenzen kommen. Ohnehin wird aus der Security- schnell eine Safety-Problematik, sobald Computerchips für die Steuerung von Maschinen, Anlagen und Fahrzeugen zuständig sind.

In der Automobilbranche zwinkert man sich schon seit längerem zu, wenn es um Innovationszyklen geht – und gesteht gleichzeitig, dass die letzten Schritte bis zur Serienreife auf der Straße (also beim Kunden) stattfinden. Schnelligkeit ist ein entscheidender Marktvorteil, besonders wenn es um neue Technologien geht. Erster zu sein ist für Entwickler und Projektleiter von Unternehmen entscheidend geworden. Security-Anforderungen hemmen diesen Prozess naturgemäß und werden, wenn sie nicht in Richtlinien vorgegeben sind, in der Prioritätenliste nach unten verschoben. Betroffen sind davon nicht nur Automobilbauer, sondern alle Betriebe, die Produkte entwickeln. Es wundert deshalb nicht, wenn Sicherheit häufig auf der Strecke bleibt.

Ein weiteres Sicherheitsdilemma sind die Konstrukteure selbst. Ingenieure möchten zuallererst technische Aufgaben lösen und achten bei ihren Entwürfen nicht auf deren Angreifbarkeit. Ein Programmierer, der beispielsweise eine bestimmte Aufzugssteuerung im Kopf hat, möchte in erster Linie, dass der Aufzug zuverlässig von unten nach oben fährt und umgekehrt, zudem in jedem Stockwerk hält, das mittels eines Knopfs gedrückt wird. Darüber hinaus wird noch ein Fernwartungszugang eingerichtet, um schneller auf Fehler in der Steuerung reagieren zu können. Um die Sicherheit des für den Fernwartungszugang verwendeten Protokolls oder der Zugangsberechtigungen usw. kümmert sich – ja, wer eigentlich?

So ist es nicht weiter erstaunlich, dass Entwicklungen oft kurz vor ihrem Abschluss stehen, bevor jemand bemerkt, ob man nicht alles noch sicherer machen müsste. Mit dem eigentlich fast fertigen Produkt sucht man dann den Security-Experten auf, der sich noch mal alles ansehen soll. Vom «magischen Securitystaub», der über die fast fertigen Produkte verteilt wird, sprach der IT-Security-Experte Stephan Gerhager 2012 auf einer Veranstaltung von Symantec. Ein sehr passender Vergleich.

Automatisch entstehen dadurch unsichere Prozesse, und Kunden erwerben unsichere Geräte, die dann nachträglich – mit enormem Aufwand – sicher gemacht werden müssen. Milliarden Geräte werden letztlich miteinander vernetzt, um im Anschluss andere Geräte zu installieren, die die Netzwerksicherheit erhöhen. Dieser Fehler im System vereinfacht die Sache für die Angreifer enorm.

Sicherheit wird auch deshalb kleingeschrieben, weil sie in erster Linie einen Kostenfaktor darstellt. Sie ist nicht unmittelbarer Bestandteil der Wertschöpfungskette. Denjenigen, die für die Budgets verantwortlich sind, ist es schwer zu vermitteln, dass Investitionen in IT-Sicherheit um 30 Prozent steigen müssten, obwohl im Vorjahr doch gar nichts Schlimmes passiert ist. Spätestens in Zeiten konjunktureller Abwärtstrends wird von den IT-Abteilungen verlangt, dass IT-Sicherheit auch mit der Hälfte des Geldes zu funktionieren hat. Ein Dilemma, denn gerade in Phasen hohen Wettbewerbs steigen die Angriffe auf das Firmen-Know-how, auf Kunden- und Finanzdaten, auf

Warum ist Abwehr so schwer?

Preislisten und Strategien. Die Gelder für IT-Sicherheit sollten also gerade in schlechten Zeiten besser nicht gekürzt werden. Kostengetriebene Entscheidungen spielten auch im folgenden Beispiel die Hauptrolle. Betroffen waren Nachtsichtgeräte, Raketenabwehr, Transportflugzeuge, Hubschrauber, Panzer und Artillerie des US-Militärs. Nach einem Bericht des amerikanischen Senats im Mai 2012 ermittelten Fahnder in rund 1800 Fällen, in denen minderwertige Chips aus China in Militärgeräten verbaut wurden. Der eigentliche Skandal bestand aber darin, dass die Billigchips in Originalgehäusen montiert worden waren. Na gut, könnte man denken, passiert eben, wenn man das billigste Produkt aussucht.

Unternehmen setzen sowohl bei Zulieferern als auch bei Computerausstattern häufig auf den günstigsten Anbieter. So entstehen zum Teil erhebliche Sicherheitslücken. Bei manchen Unternehmen, insbesondere bei staatlichen Stellen, gibt es sogar Richtlinien, die eine Vergabe an den günstigsten Anbieter zwingend vorschreiben.

Zähneknirschend nehmen Firmen dennoch Geld für Sicherheit in die Hand. Zwar verkaufen sie nicht ein Produkt mehr, weil man einen Zaun um das jeweilige Gelände gebaut hat, aber darauf verzichten will auch niemand. Ähnliches gilt für die IT-Sicherheit. Allerdings sind Unternehmen in aller Regel noch weit davon entfernt, Sicherheit als zusätzliches Unternehmensziel zu definieren und in die jährlichen Zielvereinbarungen zu integrieren. Mit dem Rüstungs-, Luft- und Raumfahrtkonzern EADS ist mir nur ein Betrieb bekannt, der einen entsprechenden Aufwand betreibt.

Zu guter Letzt öffnen schlechte Umsetzungen bestehender Lösungen den Angreifern häufig die Tore in die Computersysteme. Das fängt mit Kennwörtern und Sicherheitsabfragen an, geht weiter über den Einsatz ungeeigneter Geräte und endet bei Konfigurationen von Sicherheitsprodukten.

Ein Beispiel, wie falsch eingesetzte Geräte zu Sicherheitsrisiken führen, lieferte das US-Marinekorps, das vor einiger Zeit damit begonnen hatte, Helikopter mit iPads auszustatten. Die Piloten waren begeistert. Endlich mussten sie nicht mehr kiloschweres Kartenmaterial in die Hubschrauber schleppen, sondern hatten plötzlich alles auf ihren iPads parat. Im *Spiegel* hieß es dazu: «Inzwischen hat der 3rd Aircraft Wing des Marinekorps 32 iPads für Helikopter der Typen Bell UH-1 und AH-1 ‹Cobra› sowie für F-18-Kampfjets beschafft. Kostenpunkt: 20 000 Dollar, ein verschwindend kleiner Betrag im US-Militäretat.»[22]

Doch Sicherheitsexperten schüttelten nur mit dem Kopf. Das iPad war ihrer Meinung nach für Stadtmenschen gemacht und nicht für den Kriegseinsatz. Christopher Soghoian vom Center for Applied Cybersecurity Research an der Indiana University sprach sogar von einer «drohenden Katastrophe», sollte das Militär Tablets und Smartphones auf breiter Front einsetzen. «Es erscheint verrückt, eine Plattform zu benutzen, die Tausende Menschen zu knacken versuchen», sagte Soghoian der *Los Angeles Times*. Das Speichern von Daten auf Smartphones werde unweigerlich dazu führen, dass der Feind am Ende genau wisse, wo sich welche Truppen befinden.[23]

Bei den schlechten Umsetzungen bestehender Lösungen führen mangelhafte Kennwörter und Sicherheitsabfragen allerdings unangefochten die Liste der Top-Ten an. Hacker benötigen zum Teil weder ausgebuffte Tricks noch ausgefeilte Werkzeuge, oft müssen sie nur richtig raten, um zum Erfolg zu kommen. Die Chancen dafür stehen nicht schlecht, wie man an der Liste der meistverwendeten Passwörter 2012 sehen kann:

1. 123456
2. Passwort
3. Schatz
4. Admin
5. Test
6. abc123
7. qwertz
8. hallo
9. kennwort
10. 0000

Außer den Top-Ten sind übrigens auch der Firmenname selbst, Jahreszeiten und Monate sowie Kosenamen wie «Schatzi» oder «sweety» sehr beliebt.

Benutzernamen sind ebenfalls leicht zu beschaffen. Jede E-Mail-Adresse ist meist auch eine Nutzerkennung. Möchte man die E-Mail-Anschriften eines Unternehmens ausfindig machen, reicht dazu eine Google-Recherche: Eine Suche unter *inurl:telefonverzeichnis* ist recht ergiebig. Schon der zweite Treffer listet zum Beispiel eine komplette Mitarbeiterübersicht des österreichischen Bundesministeriums für Wissenschaft und Forschung (BMWF) auf. Ist es überhaupt sinnvoll, diese im Internet zu veröffentlichen?

Oder warum nicht gleich über eBay gehen? Dort sind eBay-Nutzer bei den Bewertungen hinterlegt.

Was für Kennwörter gilt, trifft häufig auch für Sicherheitsabfragen zu. «Im Jahr 2008 wurde der E-Mail-Account der amerikanischen Politikerin Sarah Palin gehackt. Palin war zu diesem Zeitpunkt die designierte Vizekandidatin des republikanischen Präsidentschaftsbewerbers John McCain.

Vor dem Angriff war bekannt geworden, dass Palin Amtsgeschäfte über eine private E-Mail-Adresse bei Yahoo! abgewickelt hatte. Daraufhin entdeckte ein Hacker namens Rubico einen Account mit der Adresse gov.palin@yahoo.com. Damals konnten sich User nicht nur durch ein Passwort, sondern auch anhand dreier Fragen bei Yahoo! identifizieren. Der Hacker fand aus öffentlich zugänglichen Informationen den Geburtstag, die Postleitzahl und die Antwort auf die Sicherheitsfrage der Politikerin heraus. Danach ersetzte er Palins Passwort durch ein eigenes. Es wurden zwar keine verfänglichen Informationen gefunden, dennoch wurden private E-Mails und Fotos veröffentlicht.[24]

Besonders gravierende Auswirkungen auf die Sicherheit haben «vergessene» Programme, Benutzerkonten oder Anwendungen sowie Standardpasswörter. In einem Fall hatten Angreifer Zugriff auf die gesamte Vorstandskommunikation, da man eine Firewall, die für den Kommunikationsserver (BlackBerry) verantwortlich war, so eingestellt hatte, dass alle Zugriffe erlaubt waren. Der Grund: Die Firewall hatte man einfach nicht mehr auf der Rechnung gehabt.

Standardpasswörter für Geräte finden sich häufig in den Betriebsanleitungen wieder. Werden sie nicht geändert, haben Hacker leichtes Spiel. Auf diese Weise ungeschützte Router kann man zuhauf im Internet ausmachen. Was nach einer Bedrohung für Privatanwender klingt, kann unter anderen Umständen zur echten Gefahr werden. So sind über das Internet ebenfalls vielfach Steuerungssysteme erreichbar, die sich über das Standardpasswort manipulieren lassen.

Dass Sicherheit vielerorts kleingeschrieben wird, ist die Folge einer Mischung aus Kosten, Entwicklungsdruck, Awareness und Umsetzung. Außerdem: In den meisten Fällen ist Sicherheit reaktiv, erst nach einem Sicherheitsvorfall wird sie in ihrer Bedeutung erfasst.

3. Der Faktor Zeit

In einem der Märchen der Gebrüder Grimm tritt ein Hase immer wieder zum Wettlauf gegen einen Igel an, aus dem er andauernd als Verlierer hervorgeht. Jedes Mal, wenn der Hase dem Ziel entgegenrennt, wartet dort bereits der Igel und ruft: «Ich bin schon da!» Kein Wunder, dass diese Fabel zum Inbegriff einer unbegreiflichen Niederlage geworden ist. Trotz vieler verzweifelter Anläufe endet es stets mit dem gleichen frustrierenden Ergebnis. Ähnlich ergeht es oft denjenigen, die versuchen, Angriffe auf IT-Systeme abzuwehren. Die scheinbar einzige Chance, sich grundsätzlich gegen Attacken aus dem Internet zu schützen, ist, das Unternehmensnetz, den Privatrechner oder das Regierungsnetz erst gar nicht an das Internet anzuschließen. Was auf den ersten Blick in Zeiten globaler Vernetzung unmöglich erscheint, wird durchaus dort, wo es zwingend nötig ist, so praktiziert. Das interne Netz des Verfassungsschutzes beispielsweise ist nicht mit dem Internet verbunden, sondern nach außen abgeschottet und nur über spezielle Schnittstellen zum Datenaustausch bereit.

Zugegeben: Der Normalfall sieht anders aus, da nur selten Netze und Computer derart starken Sicherheitsanforderungen genügen müssen wie beim Verfassungsschutz. Aber sobald Geräte in der Lage sind, mit anderen zu kommunizieren, können sie auch attackiert werden. Das muss jedem bewusst sein. Dabei reicht den Angreifern eine einzige Lücke, um in das System einzubrechen; die Verteidigung hingegen darf sich keine einzige erlauben. «Asymmetrie zwischen Angriff und Verteidigung» nennt man das.

Die gleiche Asymmetrie herrscht in puncto Zeit. Während Angreifer in aller Ruhe testen können, ob Lücken im System existieren, stehen Verteidiger unter ständigem Zeitdruck, um etwaige Sicherheitslücken möglichst rasch zu erkennen und zu schließen. Vorausschauend können sie dabei kaum handeln. Knüpfen sie das Fangnetz zu eng, kann niemand mehr mit den Geräten arbeiten, sind die Schlupflöcher zu groß, leidet die Sicherheit.

Ein ähnliches Missverhältnis besteht zwischen den oft jahrelangen Entwicklungszeiten neuer Technologien und denen im Anschluss rasch gefundenen Sicherheitslücken. Ende Oktober 2012 kam das neue Betriebssystem Windows 8 auf den Markt. Entwicklungszeit: fünf Jahre. Erstmals integrierte Microsoft in sein Betriebssystem ein eigenes Anti-Malware-Paket. Überhaupt hatte Windows 8 viele neue Sicherheitsfeatures, die Anwender besser vor den Angriffen aus dem Netz schützen sollten. Es dauerte nur wenige Wochen, bis die französische Firma Vupen Sicherheitslücken für das neue Betriebssystem offiziell über das Internet zum Kauf anbot.

Apple investierte Jahre in die Entwicklung des ersten iPhones und das neue Betriebssystem iOS, und von Anfang an versah das amerikanische Unternehmen es mit stark einschränkenden Funktionen. Dazu sperrten die Entwickler das iPhone in eine eigene Umgebung, aus der es gleichsam nicht ausbrechen konnte. Anders gesagt: Man konnte mit dem iPhone nur das tun, was die Apple-Konstrukteure aus dem kalifornischen Cupertino vorgesehen hatten. Allerdings schafften es findige Computerspezialisten im März 2007, nur wenige Wochen nach der Vorstellung des ersten Geräts, das System zu knacken, es aus seinem «Gefängnis» zu befreien, um eine eigene Software zu installieren. Sinnigerweise bezeichneten die Apple-Entwickler diesen Vorgang des Entfernens von Nutzungsbeschränkungen auch als «Jailbreaken».

Es scheint beinahe so, als ob jedes System nicht nur knackbar ist, sondern auch geknackt wird. Da Anwender nicht selbst in der Lage sind, Löcher in den Programmen zu stopfen, vertrauen sie auf die Hersteller der Betriebssysteme sowie auf Sicherheitsunternehmen, denen sie die Abwehr in die Hände legen. Wenn selbst die, die für Sicherheit sorgen, gehackt werden, ist eine Abwehr nicht nur gravierend erschwert, sondern beinahe unmöglich.

Dazu zwei Beispiele. Um im Internet eine gesicherte Verbindung zu einem Server aufzubauen – Beispiel Nummer eins –, gibt es Sicherheitszertifikate. Das sind digitale Ausweise für Server oder Personen, die die Identität der Person oder Maschine garantieren. Das Prinzip ist dem eines amtlichen Ausweises in der realen Welt ähnlich.

Mit solchen Sicherheitszertifikaten für Maschinen wird in der elektronischen Welt beispielsweise ein verschlüsselter Austausch schützenswerter Daten über gesicherte Internetverbindungen möglich. Bekannt ist das vom Online-Banking. Zertifikate für Personen wiederum liefern den Beweis für eine Urheberschaft von Willenserklärungen. So können auf verbindliche Weise Verträge elektronisch geschlossen werden. Nun ist es keine Neuigkeit, dass sich Kriminelle immer wieder gefälschte Ausweise besorgen. Wobei es wenig erfreulich wäre, gelänge es einem Dieb, in die Bundesdruckerei in Berlin einzubrechen und massenhaft «originale» Ausweisdokumente auszustellen, ohne dass jemand etwas davon mitbekommt. Genau das ist in der digitalen Welt bei DigiNotar geschehen, der niederländischen Zertifizierungsstelle. Einem Hacker war es möglich, in das Computersystem der Holländer einzubrechen und sich Zertifikate auszustellen, darunter auch solche von Google, Skype oder Microsoft. Die Zertifikate, um die es ging, stellten die Identität bei verschlüsselten Verbindungen zwischen den Kommunikationspartnern sicher.

Diese echten (in Wirklichkeit aber gefälschten) Zertifikate wurden unter anderem dazu verwendet, um Passwörter und vertrauliche Daten iranischer Internetnutzer auszuforschen. Das niederländische Innenministerium beauftragte die Sicherheitsexperten von Fox-IT mit der Analyse des perfiden Vorfalls. Das deutsche Sicherheitsunternehmen kam zu dem Ergebnis, dass bei DigiNotar alle acht Server, die autorisiert waren, Zertifikate auszustellen, gehackt wurden.

Selbstverständlich möchte man auch sicherstellen, dass ein Benutzer überhaupt berechtigt ist, eine Verbindung aufzubauen. Dazu muss er sich an dem Computer über eine vorgegebene Methode authentisieren. Dies kann auf unterschiedlichen Wegen über Wissen (Passwörter), Besitz (Schlüsselkarten, Zugangskarten) oder biometrische Merkmale (Iriserkennung, Fingerabdruck) erfolgen. Will man die Sicherheit erhöhen, wählt man zwei Merkmale zur Erkennung. Zwei-Faktor-Authentisierung wird das genannt. Der Nutzer muss dann nicht nur ein Kennwort wissen, sondern beispielsweise auch noch im Besitz einer SmartCard sein. Dem Angreifer reichen dann Benutzername und Kennwort nicht aus, um in ein System einzubrechen, er würde noch die Chipkarte des jeweiligen Nutzers benötigen. Bekannt ist dieses Verfahren ebenfalls aus dem Bereich des Online-Banking oder in Unternehmen, wenn sich Mitarbeiter mit ihrem Firmenausweis oder einer speziellen Hardware-Komponente (Security-Token) am Computer anmelden müssen.

Die amerikanische Sicherheitsfirma RSA ist einer der weltweit führenden Anbieter solcher Login-Schlüssel und wurde – Beispiel zwei – im Frühjahr 2011 selbst gehackt. Ihr Sicherheitssystem SecureID generiert über eine bestimmte Formel Zugangspasswörter, die einzig für sechzig Sekunden gültig sind. Den Angreifern gelang es dennoch, in die Netzwerke des Sicherheitskonzerns einzudringen und die Formel zu stehlen, die für die Berechnung des nächsten Codes verantwortlich ist. In Sicherheitskreisen hält sich hartnäckig das Gerücht, dass der Angriff auf das Unternehmen RSA nur der erste Schritt war, um sich anschließend den Zugang zum US-Rüstungskonzern Lockheed Martin zu verschaffen. Lockheed Martin entwickelt gemeinsam mit anderen, darunter auch mit dem britischen Rüstungskonzern BAE Systems, das Kampfflugzeug F-35. Offiziell wurde ein Einbruch bei Lockheed Martin über den RSA-Token zwar schon bestätigt, allerdings sollen nach Auskunft der Firma keine Daten gestohlen worden sein. Das *Wall Street Journal* behauptete aufgrund eigener Zugänge hartnäckig etwas anderes. «Noch nie hätte es einen derartigen Angriff gegeben», wurde ein Insider zitiert.[25] Wie ein Angestellter aus den oberen Etagen gegenüber IT-Sicherheitsexperten im Frühjahr 2012 zugab, war auch BAE über achtzehn Monate lang Opfer von Hackern gewesen.

Es dauerte übrigens mehre Monate, bis RSA anfing, die Geräte bei Kunden auszutauschen. Der Vorfall kostete das Unternehmen nicht nur Millionen, sondern erschütterte ebenso wie im Fall von DigiNotar die Internetgemeinde und das entgegengebrachte Vertrauen in Sicherheitsprodukte.

Kampfflugzeuge wie die F-35 sind heutzutage selbst Computer, nur fliegende eben. Sie bestehen aus mehreren Millionen Zeilen Programmcode und dürften ähnlich anfällig für Viren, Würmer und Trojaner sein wie andere komplexe Systeme auch.

Systeme, die eigentlich für mehr Sicherheit sorgen sollen und dann selbst zur Lücke im System werden, sind der Albtraum aufseiten der Verteidiger. In Bezug auf Flugzeuge bekommen diese Gedanken völlig neue Dimensionen.

Ein weitaus weniger martialisches, dafür sehr alltagstaugliches Beispiel ist die Einführung einer Zwei-Faktor-Authentisierung des Online-Dienstes Twitter am 23. Mai 2013. Nur vier Tage später, also am 27. Mai, wurde sie bereits wieder ausgehebelt. Twitter verknüpft das eigene Konto mit einer Mobilfunknummer, an die ein Code gesendet wird, der bei der Anmeldung eingegeben werden muss. Um hohe Verbindungsgebühren während des Urlaubs im Ausland zu sparen, lässt sich dieses Sicherheitsfeature mit einer SMS deaktivieren, in der «STOPP» steht. Kennt allerdings ein Angreifer die Mobilfunknummer, lässt sich dieses Feature leicht ausnutzen.

Wie SMS-Spoofing funktioniert, habe ich ja bereits beschrieben (siehe S. 133), ebenso habe ich von Herrn Klein von der IsAG berichtet, der mir davon erzählte, wie vermutlich chinesische Hacker mehrstufig in die Netzwerke des Konzerns einbrachen. Zur Erinnerung: Mit einem gleichsam chirurgisch präzisen Angriff tauchten sie innerhalb von zwanzig Minuten in die Tiefen des internen Netzes hinab, klauten sämtliche Benutzernamen und Passwörter und verschwanden ebenso schnell, wie sie aufgetaucht waren. Und sie kamen wieder. Bei dem zweiten Angriff wurde aber nicht irgendeine Lücke eines x-beliebigen Systems gehackt, sondern die erste Verteidigungslinie, die zuverlässig dafür sorgen sollte, dass Hacker keine Chance haben. «Forefront» nennt Microsoft sein Produkt selbst. Die Angreifer nutzten eine bis dahin unbekannte Lücke im Microsoft Threat Management Gateway. Klar, schaltete man erst einmal die Alarmanlage aus, hatte man freie Fahrt.

Servereinbruch: Angreifer kopieren Kundendaten

Über ein bislang unbekanntes Rootkit haben sich Einbrecher Zugang zu Servern des Webhosters Hetzner verschafft. Dabei wurden verschlüsselte Passwörter, Zahlungs- und Kreditkarteninformationen kopiert. Wie sich die Einbrecher Zugriff auf den Server verschafften, ist derzeit nicht bekannt.

http://www.golem.de/news/servereinbruch-kundendaten-bei-hetzner-geklaut-1306-99674.html

Auch in anderer Hinsicht ist die Abwehr von Cyber-Angriffen ein Wettlauf gegen die Zeit, nämlich dann, wenn es darum geht, Täter ausfindig zu machen und eventuell sogar einer Strafverfolgung zuzuführen. Aufgrund der mangelnden Rechtslage im Bereich der Vorratsdatenspeicherung oder Mindestspeicherfrist ist es für die Polizei schwierig, beweiskräftige Daten bei den Providern zu erheben. Kommt eine mangelnde Protokollierung innerhalb der Unternehmen hinzu, bleibt häufig nur noch, den Täter auf frischer Tat zu ertappen. Entschließt sich eine Firma nur zögernd, den Vorfall zu melden, oder wird dieser über einen längeren Zeitraum nicht bemerkt, haben sich Spuren oft verflüchtigt. Als im Juli 2013 ein großer IT-Dienstleister von einem Cyber-Angriff betroffen war, sah es zunächst danach aus, die Täter nicht ermitteln zu können. Zum Glück hatte das Unternehmen sämtliche IT-Aktivitäten – selbst das Surfverhalten der Angestellten – für einige Wochen gespeichert. In einer nachträglichen Auswertung konnten schließlich zwei Täter ermittelt werden, die sich Zugang zu den Daten verschafft hatten und die Firma mit ihrer Veröffentlichung erpressten. Sie sitzen derzeit in Untersuchungshaft.

Es sieht so aus, als käme man mit herkömmlichen Sicherheitsmechanismen nicht mehr weiter. Andere Konzepte sind zu entwickeln, damit es uns mit der Integrität von Computern nicht ebenso ergeht wie dem Hasen der Gebrüder Grimm. Der bricht nämlich nach dreiundsiebzig Läufen schließlich zusammen und stirbt.

11

Das Gesetz des Schweigens

«Tja, tut mir leid», antwortete ich der Journalistin. Dabei hatte alles so gut angefangen. Im Sommer 2012 wollte sie eine Titelgeschichte zum Thema Hacking und Wirtschaftsspionage in einem Nachrichtenmagazin schreiben. Wie häufiger in solchen Fällen führten wir im Vorfeld ein Hintergrundgespräch, in dem ich über die derzeitige Situation und über anonymisierte Beispiele berichtete. Eines schien genau den Nerv der Medienvertreterin getroffen zu haben. Um authentischer berichten zu können, fragte sie, ob sie nicht direkt mit dem betroffenen Unternehmen sprechen könne. Da wir als Nachrichtendienst generell Vertraulichkeit zusichern, musste ich diesen Wunsch erst mit dem IT-Chef des Konzerns klären. Anhand des Vorfalls hätte man deutlich machen können, wie und was man aus einem schwerwiegenden Hackerangriff lernen kann. Der Konzern willigte ein. Die Journalistin verfasste den Artikel, engagierte einen Fotografen, um die Story zu bebildern, und garantierte, dass der Name der Firma nicht genannt werden würde. Doch in letzter Minute machte das Unternehmen einen Rückzieher. Zu groß erschien die Gefahr, doch auf irgendeine Weise enttarnbar zu sein, zu groß war die Sorge, dass der Artikel Auswirkungen auf den Aktienmarkt hätte haben können.

IT-Vorfälle sind nie gut fürs Image. Betriebe sprechen deshalb nur ungern darüber. Kunden und Lieferanten könnten das Vertrauen verlieren, Aktionäre ebenso. Das führt zu Schweigen und dazu, dass Informationen über Angriffe mit niemandem geteilt werden. Allerdings bedeutet das auch, dass kein anderer gewarnt werden kann. Eine ideale Ausgangssituation für Angreifer. Jeder Betroffene agiert für sich, gerade so, als befände er sich allein auf einer einsamen Insel.

Im Dezember 2012 traf ich mich zu einem Gespräch mit dem Geschäftsführer eines Münchner IT-Security-Unternehmens. Während der Besprechung zeigte er mir einige Folienvorlagen zu Vorfällen, deren Inhalt mir recht bekannt vorkam. Die Angriffsvektoren, die er an die Wand geworfen hatte, waren dieselben, wie ich sie erst einige Tage zuvor in einem anderen Zusammenhang gesehen hatte. Allerdings waren da andere Firmen betroffen gewesen, keine Sicherheitsunternehmen. Konnte es dennoch sein, dass die Angriffe einen gemeinsamen Ursprung hatten?

Um das zu erfahren, suchte ich erneut die Sicherheitsverantwortlichen «meiner» Betriebe auf. Mit dem Ziel, sie zu überzeugen, noch enger mit den Verfassungsschutzbehörden zusammenzuarbeiten, sie noch stärker dazu zu motivieren, den Behörden alle Informationen zu übergeben, die in einem Zusammenhang mit den erfolgten Angriffen standen. Ein schwieriges Vorhaben, da Unternehmen ja bekanntermaßen generell nicht gern reden, wenn es um Firmengeheimnisse geht.

Der Geschäftsführer des IT-Dienstleisters tat dasselbe bei «seinen» Kunden. Der Plan war, sämtliche Vorfälle übereinanderzulegen, um anschließend nach Gemeinsamkeiten zu suchen. Das Ergebnis wollten wir (die Verfassungsschutzbehörden) mit den Erkenntnissen vergleichen, die bereits aus den Beobachtungen des Bundesbehördennetzes vorlagen.

Die Verantwortlichen der Unternehmen willigten schließlich ein, und innerhalb des Verfassungsschutzes richteten wir eine Sonderarbeitsgruppe ein, die sich für einige Wochen einsperrte und die Daten durchforstete. Anschließend wiederholten wir das Prozedere mit Kollegen des Bundes, mit denen einiger anderer Länder und mit Leuten des Bundesamts für Sicherheit in der Informationstechnik. Das Ergebnis hatten wir nahezu erwartet: Drei Viertel der untersuchten Firmen wurden von vergleichbaren Strukturen angegriffen. In drei Fällen konnten wir belegen, dass es sich mit hoher Wahrscheinlichkeit um einen Nachrichtendienst handelte. In einer anderen Problematik zeigte sich, dass es sich nicht um zwei verschiedene Hacking-Attacken auf ein Unternehmen handelte, sondern nur um eine. Die Angreifer verwendeten zwar unterschiedliche Werkzeuge, agierten aber ansonsten nachlässig und verwendeten für die Anmietung von Internetadressen stets dieselben Anschriften. Auch Angreifer sind bequem.

In Wahrheit waren die Unternehmen gemeinsam auf der einsamen Insel – sie wussten nur nichts davon.

Der Umstand, dass Informationen über erfolgte Angriffe nicht miteinander in Beziehung gebracht werden, erschwert enorm eine erfolgreiche Abwehr. Und wenn man ehrlich ist, stellt sich die Situation prekärer dar als angenommen: Fehler in der IT werden totgeschwiegen, unter der Decke gehalten und vor allem kleingeredet. Unternehmen haben die Tendenz, einen IT-Vorfall so zu kommunizieren, als sei nichts Gravierendes geschehen. Warum also sollten Firmen, die von solchen Attacken nicht betroffen sind, ihre Sicherheitsmaßnahmen erhöhen?

Für Angreifer ist das eine Win-win-Situation, für die deutsche Wirtschaft eher eine Lose-lose-Situation. Weil über die Vorfälle nicht gesprochen wird, kann ein Eindringling mit der gleichen Masche noch einmal woanders einbrechen. Möglicherweise sogar mehrmals. Und selbst wenn der Angriff entdeckt wird: Durch die Tatsache, dass er heruntergespielt wird, kommen andere nicht auf die Idee, etwas an ihren Sicherheitsmaßnahmen zu ändern.

Jede Gesellschaft hat ihre eigene Fehlerkultur, was letztlich bedeutet, dass sie eine bestimmte Art und Weise hat, sich mit den jeweiligen Mängeln auseinanderzusetzen und aus ihnen zu lernen. In der Informationstechnik wird davon im Moment abgewichen. Viele Anwender müssen bestimmte Fehler wieder und wieder machen, weil nicht darüber gesprochen wird, weil Informationen nicht geteilt werden.

Diese geringe Kooperation unserer Wirtschaftsunternehmen trifft auch auf staatliche Einrichtungen zu. Dringend nötig wären hier internationale Abkommen, denn leider sind die Täter mit ihrem Diebesgut, anders als in der realen Welt, nicht an den Landesgrenzen dingfest zu machen. Selbst bei stark kooperierenden Ländern sind wir noch weit von einer gemeinsamen «Cyber Defence» entfernt. Mit der Anfang 2013 verabschiedeten Strategie zur europäischen Cyber-Sicherheit existieren zwar erste Ansätze, doch wurde indes nur wenig Konkretes vereinbart. Selbst in dem schon erwähnten Computer Emergency Response Team (CERT) der EU, das zur Lösung von konkreten IT-Sicherheitsvorfällen gegründet wurde, ist der Austausch schwierig. Zum einen sind formale Gründe dafür verantwortlich, da nicht einmal die Hälfte der EU-Mitgliedsstaaten Teilnehmer dieser europäischen Cyber-Eingreiftruppe sind. Zum anderen spielen aber auch persönliche Ursachen eine Rolle.

«Vertrauen entsteht nicht auf dem Papier», sagte mir gegenüber Luukas Ilves, der estnische Beauftragte für internationale Beziehungen der dortigen IT-Behörde. «Vertrauen muss gelebt werden.» So pflegen die Behörden in Europa, die sich ohnehin schon seit Jahren kennen, einen hervorragenden Austausch, andere hingegen beschnuppern sich noch misstrauisch.

Wenn Unternehmen beziehungsweise Staaten untereinander nur einen begrenzten Informationsaustausch haben – wie sieht dann das Verhältnis zwischen Unternehmen und einem Staat aus? Wenn Unternehmen nicht mit anderen Unternehmen und Staaten nicht mit anderen Staaten kooperieren, gibt es dann wenigstens einen Austausch zwischen den Firmen und dem Staat? Die ernüchternde Antwort: nicht wirklich. Ein staatlicher Ansprechpartner wäre die Polizei, doch laut eigener Aussage werden viele IT-Vorfälle nicht angezeigt. In den vom Bundeskriminalamt herausgegebenen *Handlungsempfehlungen für die Wirtschaft in Fällen von Cybercrime* lautet einer der Gründe für das Nichterstatten von Anzeigen (neben dem befürchteten Imageschaden): «Die Strafverfolgung dauert aus Sicht der Unternehmen zu lange, bzw. es wird die Erfolglosigkeit der polizeilichen Ermittlungen angenommen.»

Was bitter klingt, ist bittere Realität. Angreifer werden nur selten ermittelt. Zu einfach ist es, die wahre Identität zu verbergen. Zwar hinterlässt jeder, der sich im Internet bewegt, unweigerlich Spuren, die auch gespeichert werden. Allerdings ist die Aussagekraft dieser Daten eher gering. Zumal wenn sie von Personen stammen, die nicht gefunden werden wollen.

Ein Beispiel: Beim Einloggen ins Internet vergibt der Internet Service Provider (ISP), also Telekom, Vodafone oder 1 & 1, eine Internet-Protokoll-Adresse (IP). Diese ist nötig, um einen eindeutigen Datenaustausch zu ermöglichen. Vergleicht man das Internet mit der realen Welt, stellt die IP-Adresse die genaue Wohnanschrift – einschließlich Stadt, Straße, Wohnhaus, Stockwerk und Wohnungstür – einer natürlichen Person dar. Welche Untermieter dort sonst noch leben, ist allerdings unbekannt. In der virtuellen Welt sieht es ähnlich aus. So können hier beliebig viele Computer mittels eines DSL-Anschlusses per WLAN mit dem Internet verbunden werden, ohne dass man es jedoch genau weiß. Alle nutzen aber nach außen hin dieselbe IP. Die Verteilfunktion innerhalb der Wohnung, mithin dem Heim- oder Unternehmensnetz, übernimmt ein Router.

Doch zurück zur Ausgangsproblematik: Der ISP speichert die vergebenen IP-Adressen für eine gewisse Zeit und kann zum Teil auch bestimmen, welche Personen sich hinter den IPs verbergen. Aber eben nur zum Teil, denn es ist für Angreifer einfach, die wahre Identität zu verbergen. Einer der einfachsten Tricks besteht darin, sich über eine unsichere WLAN-Verbindung eines Nachbarn in das Internet einzuwählen. Schon ist man der Nachbar. Das ist Identitätsdiebstahl. Es muss aber nicht unbedingt der Nachbar sein. Seit vielen Jahren existieren digitale Karten, auf denen sämtliche unsicheren WLAN-Netze einer Stadt eingezeichnet sind. Manchmal lässt die Aktualität etwas zu wünschen übrig, aber mit einiger Geduld ist schnell ein offenes Netz gefunden.

Eine andere Möglichkeit besteht in der Einwahl über ein Internetcafé oder einen WLAN-Hotspot, die wie Sand am Meer existieren. Häufig wird zwar die Identität des Surfers festgehalten, aber längst nicht bei allen. Nahezu aussichtslos wird es, wenn der Angreifer über einen eigenen Zugang zum Internet per UMTS-Verbindung verfügt. Das Universal Mobile Telecommunications System ist ein Mobilfunkstandard, und Kar-

Das Gesetz des Schweigens

ten davon kann man gebraucht und anonym im Internet ersteigern oder in einer zwielichtigen Bahnhofsecke erwerben. Der Internetnutzer firmiert dann unter einem fremden Namen. Ein Kurztrip ins benachbarte Ausland genügt ebenfalls. Dort gibt es sogar ohne amtlichen Personalausweis Handykarten. Sicherheitsbehörden haben es bei solchen Strukturen schwer.

Betriebsgeheimnisse von Toyota

Ein Leiharbeiter der IT eines US-amerikanischen Toyota-Werkes ist nach seiner Entlassung in ein IT-System für Zulieferer des Fahrzeugherstellers eingedrungen. Er entwendete Firmengeheimnisse, welche laut Toyota großen Schaden anrichten könnten. Ob dem Ex-Mitarbeiter das Login nicht gesperrt wurde oder ob dieser die Internetseite tatsächlich gecrackt hat, gab Toyota nicht bekannt.

http://datenleck.net/?ftext=Mitarbeiter&id=527

Zugegebenermaßen gehört noch etwas mehr dazu, um völlig unerkannt im Internet zu agieren. Aber wenn es bereits für Laien derart einfach ist, die tatsächliche Identität zu verschleiern, welche Möglichkeiten haben dann wohl erst Kriminelle?

Bei Angriffen von Nachrichtendiensten ist zu vermuten, dass sie die Aufklärungsoperationen gegen andere Nationen oder Institutionen nicht aus dem eigenen Land heraus durchführen und ständig andere Hardware benutzen. Auf diese Weise wird eine Nachweisbarkeit eines Angriffs fast unmöglich.

Doch selbst wenn Angreifer diese Vorsichtsmaßnahmen aus

welchen Gründen auch immer missachten und Spuren hinterlassen, steht eine Staatsanwaltschaft vor dem nächsten Problem: Nicht alle Provider speichern diese Spuren (Verbindungsdaten) nach identischen Vorgaben. Einige speichern sie einige Tage, andere wiederum ein halbes Jahr – und manche gar nicht. Eine einheitliche Speicherpflicht existiert derzeit nicht. Ein Umstand, der dringend geändert werden müsste. Nicht nur wegen einer effektiveren Strafverfolgung, sondern auch, um dem entgegenzuwirken, dass jeder Provider mit unseren Daten machen kann, was er will.

Die Anonymität des Internets ist eine der großen Errungenschaften unseres digitalen Zeitalters. Die Ironie dabei ist, dass genau dies die Angreifer so furchtlos ihre Taten vollbringen lässt. Sanktionen bei Straftaten haben eine abschreckende Wirkung – jedoch nicht bei der Cyber-Kriminalität. Menschen, die mit dem Gedanken spielen, unerlaubt in Computernetzwerke einzudringen, werden durch die faktisch bestehende Straffreiheit nur noch mehr in Versuchung gebracht. Auf diesem Hintergrund ist auch eine Aussage von Jürgen Maurer zu verstehen, der 2013 konstatierte: «Wenn Cyber-Crime in dem Umfang stattfinden würde, wie wir es in der polizeilichen Kriminalstatistik feststellen, hätten wir kein Problem.» Jürgen Maurer ist Vize-Präsident des Bundeskriminalamts.

Inzwischen hat der Staat erkannt, dass die Abwehr von Cyber-Angriffen nur dann einen Erfolg haben kann, wenn man weiß, mit wem man es aufseiten der Angreifer zu tun hat und wie die Täter handeln. Als Konsequenz gründete die Bundesregierung im April 2011 die Nationale Allianz für Cyber-Sicherheit (NCAZ), eine länderübergreifende Initiative des Bundesamts für Sicherheit in der Informationstechnik und der BITKOM, des größten IT-Verbandes. (Zugegebenermaßen sind all die Neugründungen etwas verwirrend.) Um Unternehmen dazu zu bewegen, Vorfälle anzuzeigen, sicherte die Nationale Allianz für Cyber-Sicherheit den Opfern Anonymität zu. Außerdem stellte sie in Aussicht, gewonnene Erkenntnisse mit der Wirtschaft zu teilen. Was gut klang, klappte in der Realität bisher leider nur bedingt. Unternehmen haben einfach zu große Vorbehalte und vertrauen nicht darauf, dass die zugesicherte Anonymität eingehalten wird.

Im direkten Zusammenhang mit den genannten Schwierigkeiten rund um die IP steht noch ein letztes Problem, das der Attribution. Also, wer war's? Wer hinter den Angriffen steckt, das ist auch für die Abwehrmaßnahmen von maßgeblicher Bedeutung. Wenn man nicht nachvollziehen kann, wer der Angreifer ist, bleibt die Frage offen, an wen sich das Opfer wenden soll. Steht ein Nachrichtendienst hinter dem Angriff, wäre die Spionageabwehr innerhalb der Verfassungsschutzbehörden der richtige Ansprechpartner. Sind es Kriminelle, ist es die Polizei. Und handelt es sich um einen ehemaligen Angestellten, ist vielleicht der Unternehmensanwalt die Person des Vertrauens.

Wenn es sich bei den Opfern um Staaten handelt, erscheint die Frage nach geeigneten Gegenmaßnahmen nicht unerheblich. Regierungsverantwortliche dürften es für eine Art Kriegserklärung halten, sollte eine kritische Infrastruktur massiv angegriffen werden. Nur: Mit wem verhandelt man, wenn man nicht weiß, wer der Angreifer ist? Gegen wen schlägt man zurück, und wenn ja, auf Basis welcher Erkenntnis? Würde ein Cyber-Angriff auf ein Land der NATO den Bündnisfall nach Artikel 5 auslösen? Inzwischen ist zwar geklärt, dass dies so wäre, trotzdem bleibt es eine schwierige Frage, wenn es keine Hinweise zu eindeutigen Tätern gibt. Das kann dann zu einem einsamen Säbelrasseln führen, wie im Fall der USA 2011, die Cyber-Attacken offiziell zum Kriegsgrund erklärten und mit ihren Angriffsmöglichkeiten prahlten. In Wahrheit aber bleiben auch staatliche Opfer allein zurück. Sie können nur weiterhin versuchen, Großangriffe bestmöglich abzustellen.

12

Sicherheitslücke Mensch

Denkt man an Agenten, Spione und Hacker, hat man meistens Bilder aus Filmen wie *Mission: Impossible* im Kopf. Da seilt sich jemand wie Tom Cruise alias Ethan Hunt durch einen Lüftungsschacht von der Decke eines strenggesicherten Computerraums ab, um an vertrauliche Betriebsgeheimnisse der CIA zu gelangen. Die Übergabe der gestohlenen Daten soll dann in einem Hochgeschwindigkeitszug nach Paris vollzogen werden. So weit das Szenario aus Hollywood. Abgesehen davon, dass sich der deutsche behördliche Agentenalltag ohne waghalsige Hubschraubereinsätze und Diners in noblen Umgebungen vorzustellen ist, dafür aber mit sehr viel mehr an Verwaltungsaufwand verbunden ist, lohnt es sich mitunter doch, in Hochgeschwindigkeitszügen zu fahren, um an vertrauliche Dinge heranzukommen. Es ist erstaunlich, welche Betriebsgeheimnisse man sich während einer ICE-Fahrt von München nach Hamburg in der ersten Klasse mit anhören *muss* – ganz ohne Agentenausbildung. Regelrecht wird man in diesen Abteilen zum Zuhören gezwungen, auch wenn man nicht das geringste Interesse an den Informationen hat. Menschen denken, nur weil sie allein reisen, sind sie auch allein, wenn sie telefonieren. Überhaupt ist es häufig unser Verhalten im Umgang mit IT, das zu Sicherheitsrisiken führt. Angreifer versuchen deshalb, die Schwachstelle Mensch gezielt auszunutzen.

Menschen machen im Umgang mit Technik Fehler, sie setzen sich über Sicherheitsvorschriften hinweg, gehen häufig sorglos mit Daten und Geräten um, verraten Passwörter oder wählen sie schlecht aus. Sie verlieren Geräte, sprechen an öffentlichen Orten über vertrauliche Dinge und verbinden Geräte mit dem Internet, die nie dafür bestimmt waren. Meist geschieht das ohne Absicht, eher aus Bequemlichkeit oder weil sie sich der Risiken nicht bewusst sind. Häufig hört man Argumente wie: «Wer will schon was von mir?» Oder: «Bislang ist ja nie etwas geschehen, wir sind doch nur ein mittelständisches Unternehmen aus dem Bereich der Zulieferindustrie.» Gerade letztere Aussage habe ich während meiner Zeit im Bereich Wirtschaftsschutz von verschiedensten Betrieben gehört. Ein Trugschluss, denn mittelständische Firmen sind besonders gefährdet und betroffen. Sie rechnen nämlich nicht mit Cyber-Angriffen und schützen sich deshalb (noch) schlechter als Großkonzerne.

Der wichtigste deutsche Rohstoff ist die Innovationskraft und die damit verbundene rasche Umsetzung in marktfähige Lösungen. Andere Länder sind daran interessiert, durchaus auch im Rahmen von Wirtschaftsspionage, denn konsequenter Technologieklau eignet sich hervorragend, um in wirtschaftlich schwierigen Zeiten hohe Entwicklungskosten zu senken oder um einen technologischen Rückstand möglichst schnell aufzuholen. Wirtschaftliche Prosperität und gesellschaftlicher Wohlstand sind Grundpfeiler stabiler sozialer Strukturen. Werden sie einer Gesellschaft entzogen, sind soziale und politische Instabilitäten vorprogrammiert. Know-how-Diebstahl ist allein aus diesem Grund eine ernst zu nehmende Gefahr.

Sicherheitslücke Mensch

Viele haben hierzulande das Gefühl, dass man «so was» nicht macht, ein Diebstahl entspricht nicht unbedingt unseren Vorstellungen von einem Rechtsstaat. Übernachtet ein Geschäftsmann während einer Reise in einem Hotel in Hamburg, geht er (begründet) davon aus, dass niemand den Safe in seinem Zimmer in seiner Abwesenheit öffnet oder den Koffer durchsucht. Außerdem ist er davon überzeugt, dass sein Mobiltelefon nicht abgehört wird. Aber: Sein Vertrauen nimmt er mit ins Ausland – was nicht wirklich ratsam ist.

Geschäftsleute handeln global, denken aber, was Privatsphäre und Sicherheit anbelangt, lokal. In einem konkreten Fall wurde bei einer Delegationsreise nach China die Besprechung vor Ort mit der Ankündigung unterbrochen, der Minister sei gerade eingetroffen und würde sich über ein Gruppenfoto mit der deutschen Unternehmerdelegation freuen. Man könne alles stehen- und liegenlassen, es seien nur wenige Meter bis zu dem Ort, den man für die Aufnahme ausgewählt habe. Tatsächlich wurden die Teilnehmer mit einem Bus eine halbe Stunde herumchauffiert, bis sie das Ziel erreichten. Später stellten drei Delegierte fest, dass man versucht hatte, Daten von ihren Laptops zu kopieren, und zwar genau in dem Moment, als die Fotosession stattfand. Ob der freundliche Mann wirklich ein Minister war oder ob es sich vielleicht nur um einen Übersetzungsfehler handelte, ist bis heute nicht geklärt worden.

Ein Taxifahrer, der Geschäftsleute im Ausland nach einem interessanten Meeting ins Hotel oder zum Flughafen bringt, hat manchmal noch eine andere Funktion, als Menschen von A nach B zu transportieren. Was sich nach Räuberpistolen-Geschichten anhört, ist nachrichtendienstlicher Alltag, wenn es um Wirtschaftsspionage geht. Weiß man um die Gefahr, kann man, um beim Taxi-Beispiel zu bleiben, das beabsichtigte Gespräch im Wagen auch auf einen späteren Zeitpunkt verschieben.

Sicherheitsvorfälle scheinen für Nutzer oftmals keine Rolle zu spielen, man würde ja keine Urananreicherungsanlagen besitzen, im Iran schon einmal gar nicht. Der Hackerangriff auf die Sony-PlayStation, bei dem siebenundsiebzig Millionen Kundendaten und Kreditkarteninformationen gestohlen wurden, erfährt von all jenen keine Beachtung, die sich nicht im Besitz einer PlayStation wähnen. Und wer eine Spielekonsole von Nintendo hat, vertraut darauf, dass die Wii irgendwie besser geschützt ist. Backups macht nur derjenige, der schon einmal alle seine Daten verloren hat, vorher sieht er keine Notwendigkeit.

Wenn also ein mangelndes Bewusstsein zur größten Sicherheitslücke wird, heißt das aber auch, dass das größte Potenzial zur Verbesserung der Situation bereits vorhanden ist. Es muss nur noch genutzt werden.

Bewusstsein – in der IT-Welt wird von Awareness gesprochen – bedeutet nicht, dass Menschen zum IT-Security-Spezialisten werden müssen. Entscheidend ist ein kompetenter Umgang mit Technik und Daten. Kompetenz ist eben ein entscheidender Schlüssel, wenn es um die Sicherheit und Zukunft einer vernetzten Gesellschaft geht.

Grundvoraussetzung dieser Kompetenz ist das Beherrschen der Sprache, die in der IT-Welt gesprochen wird. Erklären in einem Unternehmen Mitarbeiter aus der IT einem Kollegen aus einer anderen Abteilung etwas, versteht derjenige häufig nur Bahnhof. Das ist gewöhnlicher Alltag für Computerspezialisten. Der amerikanische Journalist Mark Bowden hat es einmal auf den Punkt gebracht: ITler ernten den «Blick»: Der Blick ist ein «unmissverständlicher Gesichtsausdruck völliger Verwirrung und absoluten Desinteresses, der Laien befällt, wenn sich eine Unterhaltung dem Innenleben von Computern zuwendet»[26]. Diesen Blick bekommen Computerexperten in Verhandlungen, Präsentationen und Gesprächen, sobald der Inhalt über herkömmliche Word-, PowerPoint- oder Excel-Anwendungen hinausgeht. Mit Computerdetails *will* man sich nicht herumschlagen, denn diese Welt *kann* man nicht verstehen.

Was auch zur Folge hat – und das scheint in diesem Zusammenhang beinahe paradox –, dass 45 Prozent aller deutschen Internetnutzer, glaubt man dem Meinungs- und Sozialforschungsinstitut TNS Emnid, ihrem Gespür glauben und nicht ausgefeilter Sicherheitstechnik. Nur jeder Fünfte setzt auf ein Antivirenprogramm, 18 Prozent auf eine Firewall. Nur zehn Prozent aktualisieren regelmäßig ihren Webbrowser.[27]

Menschen tun sich schwer mit Dingen, die abstrakt sind. Wenn es um greifbare Schrauben, Kotflügel, Leitungen, Rohre, Turbinen, Tragflächen, Fließbänder oder Festplatten geht, weiß jeder sofort, was gemeint ist. Mit Strom, Daten, Firewall, Hackerangriffen, Cloud-Systemen, Applikationssicherheit, Dynamic Application Security Testing oder RAM, ROM und RIM ist es nicht mehr so einfach.

Bürger und kleinere Unternehmen über technische Gefahren aufzuklären wird zum Beispiel vom Bundesamt für Sicherheit in der Informationstechnik versucht. Auf der Homepage des Bürger-CERTs ist nachzulesen:

Oracle schließt mit den Sicherheitsupdates Java 7 Update 15 und Java 6 Update 41 mehrere Sicherheitslücken. Das Bürger-CERT empfiehlt, diese Sicherheitsupdates umgehend zu installieren. Wird Java 6 automatisch aktualisiert, fragt ein Benutzerdialog ab, ob ein Wechsel auf Java 7 erfolgen soll.

Da mit dem Sicherheitsupdate Java 6 Update 41 dieser Versionszweig nicht mehr weiter aktualisiert wird, rät das Bürger-CERT dazu, diesen Dialog zu bestätigen. Im Anschluss wird Java 7 Update 15 installiert und Java 6 deinstalliert. Befinden sich noch ältere Java 6 Versionen auf dem Rechner, sollten diese manuell deinstalliert werden. Weitere Informationen entnehmen Sie bitte der Technischen Warnung TW-T13/0018 UPDATE 1.

Unter TW-T13/0018 UPDATE 1 heißt es:

Ein entfernter, anonymer Angreifer kann mehrere Schwachstellen in Oracle Java Development Kit (JDK) und Oracle Java Runtime Environment (JRE) ausnutzen, um dadurch die Integrität, Vertraulichkeit und Verfügbarkeit zu gefährden. Zur erfolgreichen Ausnutzung dieser Schwachstellen muss der Angreifer den Anwender dazu bringen, präparierten Java-Code auszuführen. Dies kann beispielsweise über ein präpariertes Java-Applet auf einer Webseite geschehen.

Alles klar? Für einige schon. Für die meisten aber nicht. Eine Krux, wenn es um Entscheidungen in der IT-Sicherheit geht, denn Finanzmittel für erforderliche Maßnahmen werden in den wenigsten Fällen von Technikern bewilligt.

Es ist übrigens auffällig, dass IT das einzige Thema ist, bei dem sich *jeder* Teilnehmer während einer Diskussion legitim und elegant aus der Verantwortung ziehen kann.

«Hm, das scheint mir ein IT-Problem zu sein. Nicht böse sein, aber mit IT kenn ich mich nun wirklich nicht aus.»

Das klappt fast immer. Es sei denn, man verantwortet ein Team von Technikern.

Sicherheitslücke Mensch

«Oh, bitte keine technischen Details!»

«Geht das auch für Nichttechniker?»

«Haben Sie vielen Dank.»

Typische Antworten, wenn ITler etwas erklären wollen oder nachfragen.

IT-Kompetenz ist in Anbetracht der Herausforderungen noch viel zu wenig ausgeprägt. Ein Elektromeister, der gleichzeitig IT-Administrator und Sicherheitsbeauftragter eines Heizkraftwerks ist, das als Energielieferant dient und dessen Anlagensteuerung über die Büro-IT läuft, kennt sich nicht immer wirklich aus. Ebenso weiß man von Polizeibeamten, die bei der Anzeigenaufnahme den Geschädigten bitten, den Trojaner einer E-Mail auszudrucken. «Unvorstellbar», sagen Sicherheitsexperten, «dennoch ist das die Realität.» IT-Kompetenz ist knapp und dementsprechend teuer. Zu teuer für viele Mittelständler und Kleinunternehmen, aber auch für Behörden. Sie tun sich schwer, IT-Spezialisten zu finden. Die Gehälter des öffentlichen Dienstes sind wenig verlockend.

Dieser Mangel führt dann zu Vorfällen wie dem sogenannten Staatstrojaner, der zur Programmierung an eine hessische Firma vergeben wurde und völlig zu Recht heftige Kritik hervorrief. Im November 2011 veröffentlichte der Chaos Computer Club (CCC) Teile seines Bauplans und kritisierte, dass die Software, einmal auf dem Rechner des zu Überwachenden installiert, enorme zusätzliche Sicherheitslücken aufreißt. Über diese Sicherheitslücken würden Attackierer auf das System Zugriff nehmen können. Das hieß, der Staatstrojaner machte die Systeme, auf denen er zur Überwachung eingesetzt werden sollte, angreifbar.

Außerdem kritisierte der CCC eine eingebaute Nachladefunktion, durch die der Trojaner jederzeit in seinem Funktionsumfang hätte erweitert werden können. Es soll hier nicht darum gehen, eine Telekommunikationsüberwachung (Quellen-TKÜ) gutzuheißen, zu verteufeln oder rechtlich zu würdigen, sondern nur um die Tatsache, warum die Software so schlecht war. In erster Linie war dafür natürlich der Hersteller DigiTask verantwortlich, aber es blieb die Frage an die öffentlichen Stellen, warum die Probleme, die durch den Chaos Computer Club ans Tageslicht kamen, nicht seitens der Auftraggeber benannt wurden. Die Antwort: Die Auftraggeber besaßen nicht die nötige Kompetenz, um die Kritik zu formulieren. Der Auftrag war nicht aus Gründen einer internen Auslastung an eine externe Firma vergeben worden, sondern aus Gründen mangelnder Kompetenz. Das war zweifelsohne gefährlich.

Um künftig besser gerüstet zu sein, erarbeitete das Bundeskriminalamt eine standardisierende Leistungsbeschreibung (SLB), um «den zu Quellen-TKÜ berechtigten Stellen Mindeststandards an die Hand zu geben, um den Einsatz der Quellen-TKÜ in Deutschland auf einem vergleichbaren Stand sicherzustellen»[28]. Inzwischen hat die Bundesregierung für rund 150 000 Euro neue Software gekauft, derzeit lässt sie sie nach dieser SLB durch eine externe Firma prüfen.

Im Sommer 2011 sollte ich einen Vortrag über soziale Netzwerke und ihre Auswirkungen auf die Unternehmenssicherheit für den Vorstand eines Chemiekonzerns halten. Wie üblich werden solche Termine vorbesprochen und inhaltlich abgestimmt. Zu meiner Frage, wie weit der Vorstand bei diesem Thema schon eingestiegen sei, antwortete mein Gesprächspartner: «Es wäre nicht verkehrt, wenn Sie in Ihrem Vortrag etwas detaillierter ausholen könnten, denn drei unserer Vorstände

Sicherheitslücke Mensch

kennen sich mit sozialen Netzwerken nicht gut aus. Anders gesagt, sie kennen das Thema eher aus dem Fernsehen.» Ich war baff. Ich wusste zwar, dass viele Vorstände nur Managersprache sprechen und Fachabteilungen nur Fachchinesisch. Und dass es zu wenige Dolmetscher gibt und manche Unternehmen nur deshalb überleben, weil die Innovationskraft der Fachchinesen ausreicht, um den Laden trotzdem am Laufen zu halten. Aber soziale Netzwerke sind ein aktuelles Thema, über das jeder spricht und das jeder zweite nutzt – und trotzdem weiß jedes dritte Vorstandsmitglied darüber so gut wie nichts?

Noch nie lagen Kompetenz und Verantwortung so weit auseinander.

Das Problem ist offensichtlich. Obwohl wir das Internet erfunden haben, werden wir selbst Opfer der totalen Vernetzung und mit neuen Technologien überrannt. Doch wie viele Arbeitskräfte, die eine Technologie nicht verstehen, verträgt eine Gesellschaft? Eine gemeinsame Wissensgrundlage zwischen Berufsanfängern und den alten Hasen gibt es heute nicht mehr. Im Gegenteil: Noch nie war der Altersunterschied zwischen Wissens- und Entscheidungsträgern größer als heute. Denn die aktuelle Situation ist, dass die Unwissenden entscheiden. Das gilt für die Politik, für Unternehmen und setzt sich fort bis zur Kindererziehung im privaten Bereich.

Bei der alle gesellschaftlichen Bereiche durchdringenden Vernetzung und Verwendung von Computern ist ein Mindestmaß an Kompetenz zwingend erforderlich, um richtig handeln zu können. Im Gegensatz zu den Opfern sind die Angreifer nämlich meist extrem kompetent, zumindest im Vergleich.

An Verantwortlichkeit mangelt es aber auch hier: Zum Ärger vieler IT-Sicherheitsspezialisten reagieren Softwarehersteller oft überhaupt nicht auf einen Hinweis auf einen Fehler in ihrem

System. Oder die Hersteller erklären, dass die beschriebene Konstellation nicht existieren würde beziehungsweise einfach zu umgehen sei. Mit der Folge, dass die Lücke nicht repariert wird. Viele Administratoren ärgerte das derart, dass sie anfingen, Sicherheitslücken zu veröffentlichen, um den nötigen Druck zu erzeugen, damit Hersteller letztlich doch die Fehler behoben. Mittlerweile bieten zwar einige Anbieter von Soft- und Hardware Geld und Anerkennung für erkannte Sicherheitslücken, andere aber lassen Schlupflöcher nach wie vor monatelang weiterbestehen.

Gunnar Porada, Geschäftsführer einer Schweizer IT-Sicherheitsfirma, berichtete mir von dem Hersteller einer Web Application Firewall (WAF). Monatelang versuchte Porada sowohl aufseiten der Produzenten als auch bei den Kunden das Bewusstsein für eine kritische Sicherheitslücke zu schärfen – ohne Erfolg. Betroffen waren in mehreren deutschsprachigen Ländern neben verschiedenen Banken und Rüstungskonzernen auch Behörden, die Steuerdaten von Bürgern speichern und verarbeiten. Über die Sicherheitslücke konnte die Schutzfunktion der WAF umgangen werden – und das ermöglichte den Zugang zu sensiblen Daten. Die Mehrheit der angesprochenen Kunden ignorierte das Problem komplett. Einige verwiesen auf den Hersteller; der Hersteller wiederum verlangte einen kostenlosen Beweis. Doch selbst nach einem Video, auf dem zu sehen war, wie die Lücke ausgenutzt wird, geschah nichts. Erst nach zwei Jahren hatte der Hersteller endlich die Lücke selbst gefunden und geschlossen. Bis dahin waren die Kunden der WAF einem sehr hohen und vor allem unnötigen Risiko ausgesetzt.

Ein anderes großes Problem ist, dass Untergrundforen extrem hohe Summen für diese Sicherheitslücken bezahlen. IT-

Spezialisten, die im Grunde für die gute Seite arbeiten wollen, werden, durch die Ignoranz der Opfer frustriert, auf die dunkle Seite des Internets gelockt.

13

Ausspähung? Nein danke!

Edward Snowdens Enthüllungen erweckten den Anschein, als stünde man dem Szenario grenzenloser Ausspähung hoffnungslos gegenüber. Ganz so ist es nicht. Aber: Die breite Debatte über IT-Sicherheit war längst überfällig gewesen. Notwendigerweise muss man dabei zwischen ausgespähten Daten und gehackten Computern unterscheiden. Eine Regel, die in der gesamten Diskussion um die Abhöraffäre der NSA viel zu wenig beachtet wird. Es macht durchaus einen Unterschied, ob Kommunikation und Daten auf ihrem Transportweg abgefischt werden, oder Geräte und Server gehackt werden, um an die entsprechenden Informationen zu gelangen. Dennoch kann man gegen beides etwas tun. In privater Hinsicht ebenso wie in unternehmerischer, aber auch durch politische Entscheidungen.

Private Nutzer können, wie gesagt, am meisten mit dem Einspielen aktueller Sicherheitsupdates bewirken. Ist das System nicht auf dem neuesten Stand, ist das perfekt für Angreifer. Warum anstrengend ein Fenster aushebeln, wenn die Tür sperrangelweit offen steht?

Im November 2012 untersuchte das Bundesamt für Sicherheit in der Informationstechnik die Wirksamkeit ihrer eigenen Empfehlungen. Kurzerhand setzte man einen PC, auf dem

Windows 7 installiert war, einhundert tagesaktuellen Websites aus, die über Drive-by-Download versuchten, den Computer mit einer Schadsoftware zu infizieren. Drive-by-Angriffe sind übrigens eine aktuell sehr verbreitete Methode, um Schadprogramme ohne Kenntnis des Anwenders und ohne Nutzerinteraktion zu installieren und auszuführen. In der Regel genügt der Besuch einer Website, um das System mit Schadsoftware zu infizieren. Das Ergebnis des BSI: In sechsunddreißig von den hundert Fällen wurde der Rechner gekapert; er war also erfolgreich infiltriert worden. Dieselben Websites wurden dann ein zweites Mal besucht, allerdings mit einem Computer, der zwar auch mit Windows 7 betrieben, aber unter Beachtung der Sicherheitsempfehlungen des Bundesamts eingerichtet wurde. Das jetzige Resultat: keine Infektion.

Die Empfehlungen des BSI sind weder kompliziert noch teuer. Sie beziehen sich auf die Verwendung eines alternativen Browsers (Google Chrome anstelle einer Internet-Explorer-Version), eine andere Variante von Adobe Acrobat Reader und Adobe Flash Player, auf das Deaktivieren von Java Runtime und den Einsatz eines beschränkten Nutzerkontos anstelle eines mit administrativen Rechten.[29] Dazu die jeweiligen Updates sowie ein aktueller Virenscanner.

Im privaten Umfeld kann zudem die Auswahl des Betriebssystems die Sicherheit erhöhen, denn unter Linux und Mac OS gibt es zwar ebenfalls Sicherheitslücken, aber die Schädlinge haben einen viel geringeren Verbreitungsgrad. Das liegt daran, dass sich mit Masse Geld verdienen lässt. Einen Schädling für ein Betriebssystem zu programmieren, das weltweit nur rund acht Prozent der Internetnutzer verwenden, ist weniger lukrativ, als einen Schädling für ein Microsoft-Betriebssystem zu entwickeln, das immerhin einen Marktanteil von immer noch fast 90 Prozent hat. Gegen einen gezielten Angriff schützt die Auswahl des Betriebssystems freilich nicht – Profis dringen in jedes Betriebssystem ein. Aber gegen die Wald- und Wiesenangriffe, die in großer Anzahl stattfinden, verbessert die Auswahl die Situation erheblich.

Die zweite Stolperfalle sind die schon mehrfach erwähnten Passwörter. Die sind leicht zu erraten, wenn sie nach der Erstinstallation nicht geändert werden und dem Auslieferungsstandard entsprechen. Das hört sich nach Binsenweisheit an, aber leider ist es oft die Missachtung genau dieser kleinen Dinge, die zu großen Sicherheitslücken führt. Zu viele Nutzer ändern das Standardpasswort nicht oder schützen ihr E-Mail-Konto durch Passwörter wie *Winter*. Dabei ist es gar nicht so schwierig, gute Passwörter zu kreieren, die man sich auch merken kann. *8tungbiW13* würde ausgesprochen bedeuten: «Achtung, bald ist Wiesn (das Münchner Oktoberfest) 2013.» In Ordnung, ertappt, das Buch entstand im Sommer 2013! Aber was soll's. Man weiß, was gemeint ist.

Für Geheimdienste, Kriminelle und andere Hacker ist der Zugang zum System häufig nur der erste Schritt. Interessant sind die Daten, die auf den Festplatten lagern, das Kommunikationsverhalten oder die Passwörter, die das System speichert. Sensible Daten sollten auf der Festplatte verschlüsselt abgelegt werden, denn selbst wenn sie gestohlen werden, bleiben sie für den Angreifer wertlos. Dazu eignen sich Open-Source-Werkzeuge wie TrueCrypt oder kommerzielle Verschlüsselungsprodukte. Ähnliches gilt für den E-Mail-Verkehr. Möchte man vertrauliche Dinge vertraulich halten, hilft auch hier nur eine Verschlüsselung, die mit Programmen wie OpenPGP oder GNU Privacy Guard einfach und effektiv möglich ist.

Seit den öffentlichen Diskussionen um die Abhörmethoden

der amerikanischen und britischen Geheimdienste boomen in deutschen Städten sogenannte CryptoPartys. Auf diesen nicht-kommerziellen Veranstaltungen darf man allerdings weder laute Musik noch Tanz oder ausgelassen feiernde Menschen erwarten. Es sind Treffen, zu denen man den eigenen Laptop mitbringt und die zum Ziel haben, einer breiten Öffentlichkeit mit Hilfe von Vorträgen und Workshops zu zeigen, wie man Verschleierung und Verschlüsselung am Computer praktisch einsetzt, auch ohne ein IT-Experte zu sein. Die dazugehörigen Werkzeuge werden ausführlich erklärt und unter Hilfestellung am persönlichen Computer installiert.

Zahlreiche Passwörter geknackt: Chinesische Hacker spähen «New York Times» aus

Monatelang sind Rechner der «New York Times» durch China ausspioniert worden. Offenbar hatten die Angreifer Interesse an Dokumenten im Zusammenhang mit einem Artikel über das Vermögen von Wen Jibao.

http://www.stern.de/panorama/zahlreiche-passwoerter-geknackt-chinesische-hacker-spaehen-new-york-times-aus-1963829.html

Eines dieser Tools, um anonym im Internet surfen zu können, ist das Tor-Netzwerk. Es ist einfach zu installieren, reduziert allerdings die Surfgeschwindigkeit, da die Kommunikation über mehrere verschachtelte Anonymisierungsserver läuft. Wen das nicht stört, ist mit Tor vorerst ganz gut geschützt. Leider unterstützt das Betriebssystem Microsoft Tor nicht vollständig,

Ausspähung? Nein danke!

besser wäre also auch hier die Nutzung eines Linux-Betriebssystems (beispielsweise Mint).

Außerdem sollte das verschlüsselte Internetprotokoll HTTPS verwendet werden, denn damit ist die Datenübertragung zur gewünschten Internetadresse von Unbefugten nicht mitzulesen. Für die meisten Browser gibt es Erweiterungen wie HTTPS Everywhere, die diese Verschlüsselung sogar erzwingen.

Immer wieder werde ich gefragt, ob Verschlüsselung tatsächlich hilft, ob Geheimdienste nicht trotzdem lauschen können. Die Sorge ist berechtigt, denn wenn Bürger anfangen zu verschlüsseln, kann der Staat ja nicht mehr mitlesen. Schließlich *könnten* Bürger auch Terroristen sein. Anderseits möchte auch der Staat vertraulich kommunizieren können, um staatliche Verschlusssachen vor den Ausspähungsversuchen anderer Länder zu schützen. Eine klassische Zwickmühle, die sich lösen lässt, indem man Kryptologie, die Wissenschaft, die sich mit Informationssicherheit beschäftigt, per Gesetz verbietet oder zumindest an starke Voraussetzungen knüpft. Im Gegensatz zu Deutschland ist in China der Einsatz von Kryptologie nicht erlaubt, es sei denn, man verwendet eine staatlich «zertifizierte» Software. Für ausländische Geschäftsleute gibt es ein inoffizielles Gentlemen's Agreement, das den Einsatz von Verschlüsselungstools toleriert. Schenkt man den Enthüllungen von Edward Snowden Glauben, so entschlüsselt die NSA mindestens ebenso fleißig wie ihre östlichen «Mitbewerber». Dies alles deutet darauf hin, dass auch verschlüsselte Inhalte einfach mitzulesen sind. So weit die Vermutungen.

Richtig ist, dass es ein staatliches Interesse an Entschlüsselung gibt. Richtig ist auch, dass nahezu jedes kryptographische Verfahren mit entsprechender Rechenleistung zu decodieren ist, allerdings bindet das Entschlüsseln, wenn man nicht im Besitz der dazugehörigen Schlüssel ist (also von Hintertüren), eine hohe Anzahl von Computern. Und das ist selbst für Nachrichtendienste nicht ohne weiteres zu leisten.

2010 forderte die indische Regierung von dem kanadischen BlackBerry-Hersteller Research In Motion (RIM) die Offenlegung der BlackBerry-Verschlüsselung, mit anderen Worten: die Herausgabe des Generalschlüssels. Falls RIM dem Wunsch nicht entspräche, würde man den entsprechenden BlackBerry-Dienst im Land sperren. Das war ein schwieriger Spagat für RIM, denn Indien gilt mit knapp einer Milliarde Nutzern als einer der bedeutendsten Zukunftsmärkte der Mobilfunkbranchen. Morgenluft witternd und den Frühling fürchtend, folgten ähnliche Forderungen aus den Vereinigten Arabischen Emiraten, dem Libanon, Kuwait sowie Bahrain. In China hatte sich die Einführung des BlackBerry-Dienstes aus diesen Gründen schon um Jahre verzögert.

RIM entschloss sich schließlich zur Zusammenarbeit mit den jeweiligen Regierungen, wenngleich – zumindest offiziellen Stellungnahmen zur Folge – nur in Teilen. In Sachen Black-Berry gibt es aber noch einen weiteren heiklen Punkt. Die Daten werden zentral über wenige BlackBerry- beziehungsweise RIM-eigene Server geleitet. Diese stehen in Großbritannien und Kanada im Ruf, ihre Daten im Bedarfsfall auch an Sicherheitsbehörden weiterzuleiten. Da dies zumindest nicht ausgeschlossen werden kann, hat sich die Bundesregierung bereits vor geraumer Zeit gegen die Verwendung von BlackBerry-Geräten innerhalb der Bundesverwaltung entschieden.

PGP (das kommerzielle Produkt von OpenPGP) hat ebenfalls eine etwas ungereimte Vergangenheit: Erstmalig entwickelte Anfang der neunziger Jahre der amerikanische Informatiker Phil Zimmermann ein Tool, um Bürgern eine abhörsichere Kommunikation zwischen den jeweils Beteiligten und vor den staatlichen Organen zu garantieren. Das Produkt entwickelte sich blitzartig zum weltweiten Erfolg, was den US-Behörden nicht gefiel. Eilig strebten sie ein Zollverfahren an, da Zimmermann aus ihrer Sicht mit der starken Verschlüsselung gegen das amerikanische Exportverbot verstieß. Daraufhin bediente er sich eines Tricks. Er veröffentlichte den Quellcode und exportierte die Daten weiterhin, allerdings nicht in elektronischer, sondern in gedruckter Form. Das war nämlich erlaubt. Im Ausland wurden die Zahlenreihen dann in mühevoller Kleinarbeit wieder als Code ins Programm implementiert. Nach einigen Jahren ließen die amerikanischen Behörden das Verfahren fallen.

Einige Jahre später wurde PGP von der US-Sicherheitsfirma McAfee erworben. Den Quellcode hielt das Unternehmen ab sofort unter Verschluss. Außerdem baute man einige Funktionen ein, mit der PGP zunehmend in die Kritik der Datenschützer geriet. Der kommerzielle Erfolg blieb schließlich für die Firma aus, und so verkaufte McAfee die Verschlüsselungssoftware zurück an Phil Zimmermann und sein neues Unternehmen. So richtig wollten die Anwender dem Produkt indes nicht mehr trauen, und parallel wurde dann auch die Open-Source-Variante OpenPGP entwickelt. Zwischenzeitlich wurde PGP abermals veräußert, an den zweiten Giganten im amerikanischen IT-Sicherheitsbereich – Symantec. Ob und wieweit diese Konzernriesen mit den US-Behörden kooperieren, darüber kann nur spekuliert werden. Vielleicht sollte man auch dazu Edward Snowden befragen. Aus meiner Sicht ist gerade der zweimalige Kauf durch große amerikanische Sicherheitsdienstleister merkwürdig.

Snowden veröffentlichte ein von der NSA eingesetztes Überwachungsprogramm namens XKeyScore. Dies ist unter anderem in der Lage, weltweit nach verwundbaren Computersystemen zu suchen. Auf einer Seite der von Snowden veröffentlichten PowerPoint-Präsentation zu XKeyScore ist auf einer Weltkarte zu erkennen, wo auf dem Globus welche Sensoren sitzen, um entsprechende Daten zu erfassen. Wer aber weiß über bestehende Ist-Zustände auf Computern besser Bescheid als Sicherheitsfirmen, die für sie verantwortlich sind? Das ist wirklich seltsam. Natürlich muss das nichts bedeuten, aber nachdenken darf man ja.

Verschlüsselung hilft wohl, man sollte aber entweder dem Lösungsanbieter vertrauen können oder auf offene Standards zurückgreifen.

Welche Maßnahmen schützen noch vor Ausspähung? Nicht nur Geheimdienste sind an Daten interessiert, sondern auch private Unternehmen. Gegen die Datensammelwut hilft in erster Linie Datensparsamkeit. Daten, die nur ausgewählt aus der Hand gegeben werden, unterliegen naturgemäß einem geringeren Risiko, massenhaft verarbeitet zu werden. Wird man zur Eingabe einer E-Mail-Anschrift aufgefordert, um sich beispielsweise kurzfristig für einen Internetdienst zu registrieren, reicht es, eine Einweg- oder Wegwerfadresse zu benutzen. Diese muss nicht umständlich eingerichtet werden, sondern wird per Mausklick im Internet erstellt. Anbieter findet man über eine Suche im Netz problemlos.

Apropos: Das, wonach wir suchen, erzeugt ebenfalls ein sehr detailliertes Bild über uns. Ähnlich den Algorithmen, mit denen die Suchmaschinen Ergebnisse *für* den Internetnutzer liefern, liefern sie Ergebnisse auch *über* ihn. Schlecht, wenn das gegen ihn verwendet wird. Auch deshalb ist es so bedenklich, wenn anlassunabhängig alles gespeichert wird, was Menschen denken, sagen, tippen und klicken. Nicht ohne Sinn werden Grundrechte auch als Abwehrrechte dem Staat gegenüber genannt. Das Grundrecht auf digitale Intimsphäre ist eines davon. Es darf nur eingegriffen werden, wenn Gefahr für Leib und Leben besteht, wenn Anhaltspunkte einer konkreten Bedrohung bekannt sind. Ein Eingriff bedarf einer richterlichen Anordnung. Wenn allerdings über große Datenbanken wie die von Google oder Facebook Algorithmen sozusagen rückwärts auf uns angewendet werden, bedeutet dies, dass das besagte Grundrecht unterlaufen wird.

Neben der Datensparsamkeit kann man sich auch durch die Verwendung alternativer Dienste schützen. DuckDuckGo ist eine alternative Suchmaschine, die damit wirbt, das Surfverhalten des Nutzers nicht auszuspähen. Der Suchservice liefert nahezu identische Treffer wie Google, funktioniert aber vollständig anonym. Als Anwender hat man also durchaus die Möglichkeit, der Sammelleidenschaft einzelner Interessengruppen entgegenzuwirken.

Zugleich müssen wir uns aber auch Strategien überlegen, um mit dieser neuartigen Transparenz umzugehen, denn zweifelsohne wird man sich ihr nicht völlig entziehen können.

14

Die Fünf-Prozent-Daten ins Handgepäck –
mehr Sicherheit für Unternehmen

Ein Stromausfall in den Abendstunden kann für Privatpersonen durchaus etwas Romantisches haben, zumindest kurzfristig. Endlich kann man den Kindern bei Kerzenlicht in Ruhe eine Geschichte vorlesen und ist ungestört von PlayStation oder Radiomusik. Unternehmen unterliegen anderen Zwängen und damit Risiken, die durch Hacking und Ausspähung oder Sabotage entstehen. Der Stromausfall, der zum Ausfall einer Lackierstraße führt, kann eine Firma schon in erhebliche Schwierigkeiten bringen. Während der Privatmann beim Befall seines Computers mit einem «BKA-Trojaner» zur Not mit einer Neuinstallation das Problem aus der Welt schafft, können Angriffe auf die Verfügbarkeit eines Webshops ein Unternehmen schnell an den Rand des Ruins bringen. Schlimmer noch: Zielt eine solche Attacke auf strategische Firmeninformationen oder gar auf das Firmen-Know-how, besteht die Gefahr, dass das Unternehmen langsam ausblutet, ohne es zu merken.

Herkömmliche Schutzmechanismen wie Firewall und Virenschutz reichen längst nicht mehr aus im Kampf gegen die Angreifer. Aber es gibt neben technischen auch organisatorische Verbesserungsmöglichkeiten.

Bei meinen Kontakten mit Firmen stelle ich immer wieder fest, dass, je nach Unternehmensgröße, das Thema Sicherheit mehr oder weniger in die Teile «physische Sicherheit», «IT-Sicherheit» und «Datenschutz» unterteilt wird. Oft werden die einzelnen Sicherheitssektionen auch noch unterschiedlichen Bereichen wie Personal, IT oder Finanzen zugeordnet.

Dringend notwendig wäre eine Konsolidierung der jeweiligen Sicherheitssparten, da sonst die eine Hand nicht weiß, was die andere tut. Informationssicherheit beispielsweise ist nicht nur IT-Sicherheit, wenngleich die Begriffe heutzutage gern synonym verwendet werden. Ein Beispiel: Landet der Ausdruck einer Kundendatenbank im Mülleimer (Informationssicherheit), so ist das kein IT-Problem.

Wenn Unternehmen aber die Informationssicherheit innerhalb der IT-Abteilung verorten, dann geschieht etwas, das ich anhand einer Grafik verdeutlichen möchte. Dabei gehe ich von folgenden Voraussetzungen aus:

• Jedes Unternehmen besitzt Unternehmensinformationen.
• Es gibt Geschäftssituationen, in denen ein Informationstransfer erwünscht ist (S. 216).
• Darüber hinaus existieren Situationen, in denen Unternehmen Daten verlieren, obwohl sie das nicht wollen (S. 216).

Deutlich wird: Unternehmen, die die Informationssicherheit in den IT-Bereich delegieren, *müssen* scheitern. Doch sie merken erst, was geschehen ist, wenn es bereits zu spät ist.

Wesentliche Voraussetzung für einen ungewollten Informationsabfluss ist, dass man die Informationen beobachtet, die das Unternehmen nicht verlassen sollen. Um das tun zu können, muss man wissen, welche Daten welchem Schutz unterliegen. Dazu ist es nötig, vorhandene Daten in Klassen wie beispielsweise *offen, intern, vertraulich* oder *geheim* zu unterteilen, also Wichtiges von Unwichtigem zu trennen. Meist sind es nicht mehr als fünf Prozent der gesamten Unternehmensdaten, die den allerstrengsten Richtlinien unterliegen. Häufig werden diese Informationen auch als «Kronjuwelen» bezeichnet. Sie aber sind es, die über Erfolg und Niederlage im Geschäftsleben entscheiden, sie sind es, die geschützt werden müssen. Für den Rest reichen Maßnahmen, die State of the Art sind.

Informationssicherheit muss zu dem werden, was das Wort beinhaltet: Sie muss an der Information selbst ansetzen. Ich kenne Chemieunternehmen, die Boten mit der neuesten Formel im Handgepäck ins Flugzeug setzen, nur um sicherzugehen, dass ihre «Kronjuwelen» ständig unter Kontrolle sind. So weit muss man im Normalfall nicht gehen, aber ein abgestuftes Sicherheitssystem je nach Schutzbedarf ist zwingend erforderlich.

Was einfach klingt, ist in Wahrheit jedoch eine der schwierigsten Aufgaben überhaupt, da es keine Anleitungen, keine Prozessbeschreibungen und keine automatisierten Verfahren für eine Identifizierung der Fünf-Prozent-Daten gibt. Bei der Klassifizierung sind Teamkonferenzen und eine abteilungsübergreifende Zusammenarbeit nötig.

Weiterhin sollte man den Informationsfluss beobachten. Das hört sich ebenfalls leichter an, als es in Wahrheit ist, denn der Fluss hat sich in Zeiten moderner Vernetzung zu einem reißenden Strom entwickelt. Doch Unternehmen könnten durch Datenflusslandkarten, die über einen längeren Zeitraum erstellt werden, gut beobachten, welche Wege Firmendaten für gewöhnlich nehmen. Abweichungen ließen sich dadurch iden-

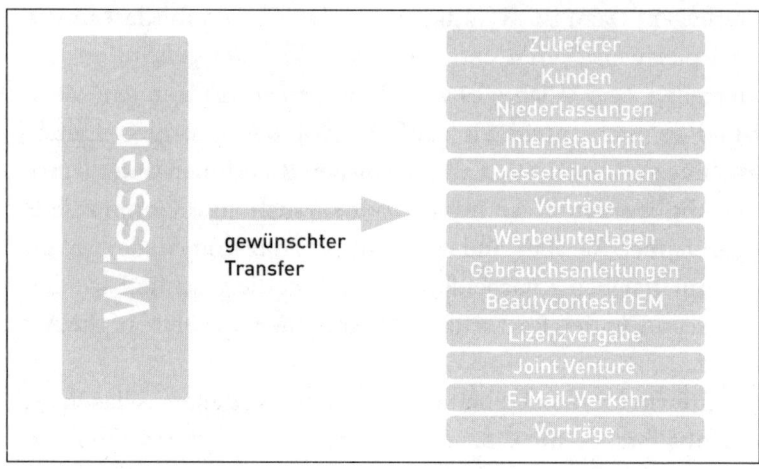

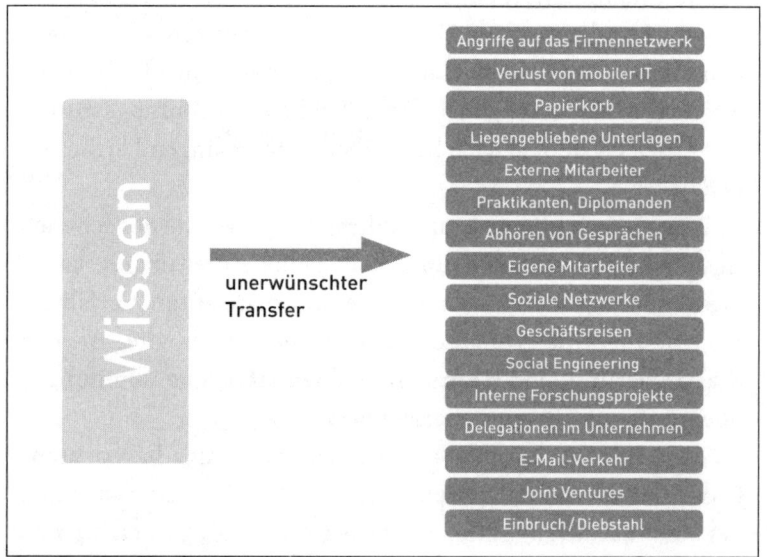

Die Fünf-Prozent-Daten ins Handgepäck – mehr Sicherheit

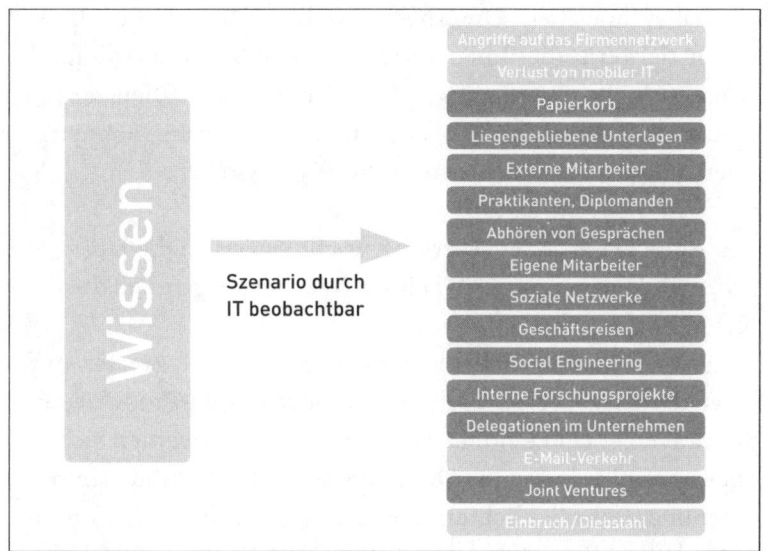

tifizieren. Auch hierbei kann eine Klassifizierung helfen. Denn sind bestimmte Daten mit einer «Farbe» eingesprüht worden, sind sie in der Masse gut zu erkennen. Sollten markierte Daten nämlich ihren gewöhnlichen Weg verlassen, kann dies einfach entdeckt werden.

Eine derartige Netzwerkkontrolle ist aber nicht das Einzige, was neben den herkömmlichen Maßnahmen in Gang gesetzt werden kann. Angreifer verstecken die zu stehlenden Informationen vor dem Versand gern in verschlüsselte Päckchen, die im Netz nicht kontrolliert werden können. Was man zusätzlich braucht, ist ein Verfahren, um die Aktivitäten auf den einzelnen Arbeitsplätzen (Clients) zu beobachten, weiterhin eines, das die Möglichkeit zur gezielten Suche nach typischen Verhaltensweisen und Werkzeugen der Angreifer bietet, sogenannte Pattern.

Dabei brauchen Unternehmen die Hilfe von externen Dienstleistern, die ihnen Pattern oder Indicator of Compromise (IOCs) zur Verfügung stellen. Dieser externe Dienstleister muss ein Informationsbroker sein, der Erkenntnisse anonymisiert anderen Unternehmen zur Verfügung stellt.

Eine alte Frage lautet: Wer überwacht eigentlich die Überwacher? Eine neuere müsste heißen: Wer berät eigentlich die Berater?

Firmen kaufen Sicherheitslösungen, weil IT-Berater und Hersteller sagen, sie bräuchten das. Noch bessere Produkte, innovativerer Schutz, höher, schneller, weiter. Es werden Sicherheitsprodukte in den IT-Abteilungen angehäuft – und dennoch brennt es teilweise lichterloh in der IT deutscher Industrieunternehmen. Ein Widerspruch. Ein Grund dafür sind falsche, schlechte oder Sicherheitsprodukte, die lediglich ein Gefühl der Sicherheit vermitteln (Anbieter von Sicherheitssoftware werben stets damit, dass mit dem Einsatz *Ihres* Produkts alle Probleme gelöst seien). Nicht, dass man auf den Einsatz von Sicherheitsprodukten verzichten sollte, ganz im Gegenteil. Aber wer ist in der Lage, ein solches Produkt wirklich zu hinterfragen oder gar zu überprüfen? Für gewöhnlich werden IT-Security-Experten erst zu Penetrationstests und Sicherheitsüberprüfungen hinzugezogen, wenn Produkte schon im Einsatz sind. Sinnvollerweise sollte das schon vor dem Einsatz getan werden, ansonsten entsteht gefühlte anstelle echter Sicherheit.

Entnetzung wird in vielen Medien als ein wirksames Mittel gegen zu hohe Komplexität genannt, doch vermutlich wird sich dieser Wunsch kaum umsetzen lassen. Schon heute sind zu viele Geräte mit dem Internet verbunden, Abertausende kommen täglich hinzu. Sinnvoll ist es jedoch, einzelne Netze zu trennen. Gibt es beispielsweise einen Rechner, der nur dazu da ist, Bewerbungen entgegenzunehmen, der also nicht mit dem Produktionsnetz verbunden ist, läuft ein Angriff über ein verseuchtes Bewerbungsschreiben automatisch ins Leere. Arbeitsbereiche, in denen Dokumente geöffnet werden müssen, auch wenn ihnen der Absender nicht bekannt ist, sollten besonders abgesichert im Netz arbeiten. Ist die Anlagensteuerung eines Kraftwerks nicht mit den Büroanwendungen verbunden, können die Maschinen der Anlagensteuerung nicht über Lücken in Microsoft Office angegriffen werden. Oft ist es auch fraglich, ob Maschinen einen Fernwartungszugang benötigen.

Dort, wo es möglich ist, sollte Komplexität reduziert werden. Unternehmen benötigen überschaubarere Systeme, sie benötigen weniger Funktionen, dafür aber mehr Kontrolle über die Dinge, die sie einsetzen. Es darf nicht sein, dass ein Konzern oder eine Behörde den Überblick über die eigenen IT-Systeme verliert. Anders formuliert: Es muss dringend daran gearbeitet werden, die Übersicht über die vorhandenen Systeme, Netze und Anwendungen zurückzuerhalten. Es geht darum, sie zu konsolidieren und zu vereinfachen. Sicherheit muss sich auf allen Ebenen der IT ausbreiten. Dies beginnt bei der Hardware, geht weiter über die Protokolle bis hin zu den Anwendungen. Bestenfalls schließt sie sogar die Herstellung und den Nutzer mit ein.

Unternehmerisches Handeln beinhaltet stets Risiken, deshalb ist ihre bewusste Bewertung auch so wichtig. IT-Risiken werden von der Geschäftsleitung jedoch häufig unterschätzt. In manchen Fällen wird sogar davon ausgegangen, dass die IT-Abteilung die Risiken *über*schätzt oder ihre Darstellung übertreibt. Grund dafür könnte ja sein, dass die IT-Abteilung ein höheres Budget möchte. Beinahe skurril mutet es an, wenn von der Geschäftsführung angenommen wird, dass der IT-Bereich die Gefahren falsch beurteilt, weil die dort tätigen Informatiker letztlich keine Ahnung vom wirklichen Business haben. Schließlich sind sie ja kein unmittelbarer Bestandteil der Wertschöpfung. Eine fatale Situation. Diejenigen, die entscheidungsbefugt sind, verstehen nicht, um was es geht. Und diejenigen, die verstehen, was auf dem Spiel steht, werden nicht gehört.

Um derartige Szenarien zu verhindern, sollten Informationssicherheit und IT-Sicherheit überall dort, wo es möglich ist, als Unternehmensziele definiert werden. Nur so kann sichergestellt werden, dass ihnen die nötige Aufmerksamkeit widerfährt. Verständnis muss dann nicht mehr geschaffen werden, sondern ist integriert.

Oft lauert die Gefahr, gehackt zu werden, in den eigenen Reihen. Studien zufolge sind mehr als die Hälfte aller Datendiebe Innentäter. Die folgen dabei einem einfachen Vorgehen nach dem sogenannten Fraud-Triangle-Modell. Es besagt, dass jeder Täter stets drei Faktoren benötigt: Motivation, innere Rechtfertigung und Gelegenheit. Fehlt ein Faktor, findet keine Tat statt.

Unternehmen stehen damit drei «Stellschrauben» zur Verfügung. Woran selten gedacht wird, ist, dass auch die Einrichtung eines firmeneigenen Kindergartens die Unternehmenssicherheit erhöhen kann. Insgesamt reduzieren nämlich loyalitätsbildende Maßnahmen und eine positive Firmenkultur erheblich das Innentäterrisiko.

15

Wer wagt, gewinnt – Deutschland innovativ

Auf breiter Front

«Wir sind technisch zwar sehr gut aufgestellt, aber für den Fall, dass wir nachhaltig und über einen längeren Zeitraum angegriffen werden, hätten wir kaum eine Chance.» Diese Bemerkung des Leiters eines deutschen CERTS vor zwei Jahren geht mir seither nicht mehr aus dem Kopf. Reaktionsgeschwindigkeit ist bei schweren IT-Angriffen oberstes Gebot. Da es in der Breite an IT-Kompetenz fehlt, müssen für einen IT-Krisenfall Kräfte aus Staat und Wirtschaft gebündelt werden. Wir brauchen eine Art schnelle Eingreiftruppe, eine Gemeinschaft aus freiwilligen IT-Spezialisten, die im Krisenfall zusammengezogen wird und verhindert, dass sich eine Cyber-Krise zu einer echten entwickelt.

Weiterhin benötigen wir Strategien, die grundsätzlich zu einer Erhöhung der IT-Kompetenz führen. Das betrifft bereits ausgebildete Arbeitskräfte, die Ausbildung selbst, aber auch Konzepte im Fall einer IT-Katastrophe.

IT-Kompetenz ist ein knappes Gut. Dementsprechend hart umkämpft ist der Markt um die besten Mitarbeiter. Oft locken Unternehmen mit Angeboten, mit denen der öffentliche

Dienst kaum konkurrieren kann. Die Folge ist ein Mangel an IT-Kompetenz aufseiten des Staates, auch bedingt durch eine hohe Abwanderungsrate bei gut ausgebildetem Personal.

Es sind Sonderwege nötig, die eine Übernahme in den Staatsdienst zu speziellen Konditionen ermöglichen, sowie Anreize, die den Staat als Arbeitgeber interessanter machen. Weiterhin ist darüber nachzudenken, ob nicht staatliche IT-Aufgaben in Einzelfällen auch externen Dienstleistern übertragen werden können. Rechenzentren beispielsweise könnten unter bestimmten Auflagen durch zuverlässige Privatanbieter betrieben und betreut werden. Das frei werdende Personal könnte an den Stellen eingesetzt werden, an denen eine erhöhte IT-Kompetenz erforderlich ist, es dort aber um anderes als um den Betrieb von Systemen geht.

Die Angreifer kennen Kompetenzprobleme nicht. Es müssen deshalb dringend Wege gefunden werden, wie man talentierte ITler dazu gewinnt, für die «gute» Seite zu arbeiten. Das Land Österreich hat an einem Beispiel gezeigt, wie es gehen könnte: Bereits zum zweiten Mal veranstaltet das Abwehramt, einer der beiden Nachrichtendienste des österreichischen Bundesheeres, gemeinsam mit mehreren Privatfirmen unter Federführung der Cyber Security Austria (CSA) die «Cyber Security Challenge»: «Du bist verboten gut? Dann zeig's uns!» Gefragt sind in dem Wettbewerb nicht nur theoretische Kenntnisse, sondern vor allen Dingen praktisches Wissen. Für die Gewinner locken Stipendien, Notebooks und Jobangebote. Eine Initiative, die auch in Deutschland durchgeführt werden sollte.

Eine Sonderrolle innerhalb der Kompetenz nimmt die sogenannte Awareness ein, das Risikobewusstsein. Awareness ist nicht nur der Grundstein für IT-Sicherheit, sondern ihr Schlüssel. Sie muss gesondert geschult werden, weil es dabei nicht um

IT-Kenntnisse im eigentlichen Sinne geht, sondern um den richtigen Umgang mit IT-Sicherheitsthemen, dazu gehören auch solche wie Datenschutz und Informationssicherheit. Awareness sorgt für die richtigen Entscheidungen, die womöglich bisher nicht getroffen wurden. Entsprechende Kampagnen können dazu das nötige Bewusstsein schaffen. Bereits 2005 veröffentlichte das BSI in Zusammenarbeit mit der transnationalen Sicherheitsfirma Trend Micro eine Studie zum Verhalten von Internetnutzern. 76 Prozent (!) der Befragten gaben an, dass sie verdächtige E-Mails und Internetlinks eher am Arbeitsplatz öffnen als zu Hause.[30] Am Arbeitsplatz würden sie eine höhere IT-Sicherheitskompetenz erwarten. Wenngleich sich in den letzten neun Jahren bestimmt vieles zum Besseren hin verändert hat, treibt dieses Verhalten unzählige Schweißperlen in die Gesichter von IT-Verantwortlichen.

Breitangelegte Awareness-Kampagnen, die sich über das Verbraucherschutzministerium an Privatpersonen und das Wirtschaftsministerium an den Mittelstand in Deutschland wenden, sind also dringend notwendig. Ein mündiger Umgang mit IT stärkt auch das Selbstvertrauen der Nutzer. Und das wiederum benötigen wir, um gestärkt in die Zukunft des digitalen Fortschritts zu gehen.

Security by Design

Um den IT-Risiken begegnen zu können, darf Sicherheit nicht mehr reaktiv betrieben werden, sondern muss von Anfang an in Prozesse, Projekte und Produkte integriert werden. Anstatt unsicheren Internetanwendungen mit IT-Sicherheitsprodukten hinterherzujagen, sind Programme notwendig, die aus einem sicheren Code bestehen. Anstatt Betriebssystemen zu vertrauen, deren Baupläne wir nicht kennen, brauchen wir eigene Systeme, die sicher sind. Wir brauchen Produkte, die uns den nötigen Raum an Privatsphäre ermöglichen, der unseren Vorstellungen entspricht und nicht denen anderer Länder. Wir brauchen verpflichtende Standards bei Anlagenbetreibern, Gesetze, die die Realität der digitalen Welt und ihrer Sicherheitslücken widerspiegeln. Und wir sollten darauf achten, dass sich Computer unseren Sicherheitsbedürfnissen anpassen und nicht umgekehrt. Was wie ein Rundumschlag klingt, kann auch kürzer formuliert werden: Wir brauchen Security by design.

Hinter der Formel verbirgt sich ein der Gegenwart diametral entgegenlaufender Prozess. Security by design bedeutet, Sicherheit als Ziel zu betrachten und sie der Funktionalität gleichbedeutend an die Seite zu stellen. Eine solche Entwicklung sollte sich auch durch die Ebenen Technologie, Betrieb und Verwertung ziehen. Vergleicht man dies mit der Sicherheit im Straßenverkehr, so gehört zu dieser nicht nur die der Autos, sondern die aller Fahrzeuge, einschließlich der U- und S-Bahnen, der Züge, Schiffe und Flugzeuge. Ebenso umfasst sie die Sicherheit der Verkehrsleitsysteme, der Straßen, Tunnel und Brücken. Verkehrsteilnehmer müssen geschult werden und sich an die Straßenverkehrsordnung halten.

In der IT-Sicherheit geht es dagegen um Endgeräte, Netzwerkkomponenten, Übertragungswege und -protokolle. Es geht um Prozessoren, Betriebssysteme und Anwendungen, um Schnittstellen, Provider und Knotenpunkte. Und es geht um die Menschen, die in diese Prozesse involviert sind, um einen Ordnungsrahmen, in dem all das stattfindet. Künftige Entwicklungen wie beispielsweise die intelligenten Stromnetze

(Smart Grids) setzen derart stark auf Vernetzung und IT, dass man es sich nicht mehr leisten kann, Sicherheitsthemen zu vernachlässigen.

Viren werden Fabriken zerstören

Cyber-Angriffe werden immer größer, immer folgenreicher und immer professioneller. Dieser Trend wird sich fortsetzen, sagt der Viren-Experte Kaspersky. Bald werden nicht mehr nur Computer gekapert werden. Computer-Viren werden in zehn Jahren Geräte auch physisch beschädigen können.

http://www.n-tv.de/technik/Viren-werden-Fabriken-zerstoeren-article9985631.html

Security by design bedeutet, bereits eingeschlagene Wege zu verlassen und das zwar noch funktionierende, aber in sich wackelige Haus der IT, an das in den letzten Jahren ein neuer Balkon nach dem anderen angebaut wurde, von Grund auf neu zu bauen. Dafür werden staatliche Rahmenbedingungen benötigt, die diesen Aufbau ermöglichen: Fördergelder, Infrastruktur, rechtliche Vorgaben. Neue Wege brauchen aber nicht nur staatliche Initialzündungen, sondern vor allen Dingen Mut. Die atomare Katastrophe von Fukushima veranlasste die Bundesregierung zur Energiewende und verwandelte Deutschland in das größte Labor der Welt. Nun benötigt die Regierung den Mut zu einer IT-Sicherheitswende, und zwar vor einem IT-Fukushima.

Nationale Gesetzgebung

Um die bestehenden Gegebenheiten in der Zwischenzeit zu verbessern, sind verpflichtende IT-Sicherheitsmaßnahmen in Form eines IT-Sicherheitsgesetzes notwendig. Das erkannte auch die Bundesregierung und legte im Frühjahr 2013 einen Entwurf vor, der allerdings sofort stark in die Kritik geriet. Grund dafür waren die darin enthaltenen Verpflichtungen, Sicherheitsvorfälle dem Staat melden zu müssen, und die Frage, wie so etwas funktionieren soll. Ein Großteil der Angriffe wird schließlich nicht bemerkt.

Der Gesetzentwurf sah dann vor, die Meldepflicht auf die Betreiber kritischer Infrastruktur zu beschränken. Allerdings ist noch ungeklärt, wer diese sind. Beispiel Energieversorger: Umfasst der Begriff «Energieversorger» nur die großen Unternehmen wie Vattenfall, RWE, E.ON und EnBW, oder fallen auch die kommunalen Stadtwerke darunter? Was ist mit Zweckverbänden oder privatwirtschaftlich organisierten Kleinversorgern? Da hier keine Klarheit besteht, ist Uneinigkeit und Zwist vorprogrammiert. Der Energiekonzern E.ON zählte eine Zeitlang nicht zu den Betreibern einer kritischen Infrastruktur, da er den Betrieb des Höchstspannungsnetzes an das niederländische Unternehmen TenneT verkauft hatte. E.ON soll also kein Betreiber einer kritischen Infrastruktur sein? Das leuchtet selbst dem größten Nichtfachmann nicht ein. (Inzwischen wurde E.ON übrigens wieder in den Kreis der kritischen Betreiber aufgenommen.)

Finanz- und Versicherungswesen sollen sich ebenfalls den geforderten Standards unterwerfen, doch Versicherungskonzerne wie die Allianz oder Munich Re teilen diese Einschätzung nicht unbedingt.

Nationale rechtliche Rahmenbedingungen müssen allerdings noch mehr erfassen als die Sicherstellung von IT-Sicherheitsstandards. Antworten auf unbequeme Fragen wie Mindestspeicherfristen, Netzneutralität oder die Weiterverarbeitung von Massendaten sind genauso erforderlich.

Ohne im Folgenden in eine Diskussion um Freiheitswunsch versus Sicherheitsbedürfnis einzusteigen, möchte ich dennoch zwei Aspekte betonen. Erstens: In einer Demokratie ist es nicht der Staat, der Freiheit gewährt, sondern der Bürger, der Eingriffe in Freiheit gestattet. Diese Abwehrrechte vor übertriebenen Sicherheitsbestrebungen des Staates müssen gewahrt bleiben. Die digitale Welt braucht deshalb ihren Ordnungsrahmen, damit auch innerhalb des Internets Grundrechte gewahrt bleiben. Das ist zu Recht Neuland.

Zweitens: Im Internet herrscht de facto Straffreiheit, was dem Staat die Möglichkeit entzieht, seine Schutzpflichten zu erfüllen. Die Anonymität im Netz spielt dabei eine wesentliche Rolle. Sie gilt zwar als eine der größten Errungenschaften, die mit dem Internet einhergeht, sie versetzt aber eben auch Online-Kriminelle in die Lage, anonym Straftaten zu begehen. Wir brauchen staatlich garantierte Anonymität, die nur unter strengen Auflagen aufgedeckt werden kann, ähnlich einem amtlichen Ausweisdokument oder einem Nummernschild. Kritiker befürchten dadurch die Schaffung einer weiteren Überwachungsmöglichkeit, übersehen allerdings, dass auf diese Weise echte Anonymität überhaupt erst gewährleistet werden könnte. Derzeit sind Internetnutzer alles andere als namenlos. Data-Mining, also das Schürfen nach wertvollen Informationen, wird längst betrieben, die User spüren die existierende Transparenz durch Unternehmen wie Google, Microsoft, Apple oder Facebook nur noch nicht.

Einheitliche Standards

Bei modernen Bürocomputern und Heim-PCs haben wir zum Teil gelernt, dass Sicherheit einen gewissen Stellenwert einnehmen muss, doch was die IT-Security von Maschinen und Industrieanlagen betrifft, befinden wir uns noch in den Neunzigern. Der Reiz, Maschinen miteinander zu vernetzen, liegt darin, dass man dadurch sehr viel schneller sehr viel mehr Informationen aus der Produktion erhält. Die Effizienz lässt sich derart steigern, dass mittlerweile von einer vierten industriellen Revolution gesprochen wird. Durch sie wird heute zu einem erheblichen Teil Wachstum und Wohlstand generiert. Betrachte ich bei meiner Arbeit jedoch eine computergesteuerte Mischanlage für Spezialgase, die ungeschützt im Internet steht, rücken für mich die Risiken in den Vordergrund.

Anlagen verwenden andere Protokolle und Standards als herkömmliche Computer. Das bedeutet, es existieren unterschiedliche Kommunikationspartner mit unterschiedlichen Sprachen. Das macht definierte und verbindliche Sicherheitsstandards sowie eine einheitliche Sprache unter den Kommunikationsteilnehmern unerlässlich.

Internationale Abkommen

Datenschutzbestimmungen weichen je nach Land stark voneinander ab. Das macht entweder eine Vereinheitlichung der entsprechenden Bestimmungen oder aber eine Regelung – in welchen Fällen welche Daten übertragen werden dürfen – notwendig. Das bedeutet eine Datenexportkontrolle. So ist offensichtlich, dass sich Amerika beispielsweise nicht an deutsche

Datenschutzbestimmungen hält. Aber auch andere Staaten, etwa die Schweiz, Russland oder China, handeln deutschen Bestimmungen zuwider. Wichtig wäre eine Überarbeitung bestehender Verträge, um deutsche Daten auch im Ausland sicher zu machen.

Das hilft allerdings nicht, um weltweit gegen Hacker oder Angriffe auf Netzwerke und Computer gefeit zu sein. Internationale Abkommen sind in diesen Fällen notwendig, um an diese Täter heranzukommen und deutlich zu machen, dass Deutschland digitale Raubzüge und Wirtschaftsspionage nicht duldet. Da sich allerdings auch Staaten unter den Tätern befinden können, werden solche Abkommen ohne Unterverträge schwer umzusetzen sein. Der US-Terrorexperte Richard Clarke stellte in seinem Buch *World Wide War* die These auf, dass sich Staaten niemals vertraglich binden lassen werden, nachrichtendienstliche Cyber-Operationen zu unterlassen. Die Vorteile solcher Aktivitäten seien einfach zu groß. Anderseits muss genau das unter befreundeten Ländern möglich sein. Die Enthüllungen des ehemaligen NSA-Mitarbeiters Edward Snowden stellten vor allem das Vertrauen zwischen zwei befreundeten Ländern in Frage. Ein «No-Spy-Abkommen» wie es seit dem Spätsommer 2013 zwischen Deutschland und den USA diskutiert wird, ist der erste Schritt, verlorengegangenes Vertrauen wiederherzustellen. Die Wanzen in den europäischen Büroräumen sollten dann allerdings gleich mitentfernt werden.

I T-Unsicherheit ist ein globales Problem, Angriffe auf Computer sind von überall aus möglich. Internationale Probleme aber mit nationalen Möglichkeiten zu bekämpfen muss scheitern. Internationale Kooperationen und Vereinbarungen, um im Kampf gegen Hacker erfolgreich sein zu können, sind deshalb gefragt.

Einsatz nationaler Produkte

Deutschland besitzt die Voraussetzungen, um nicht nur in Sachen Safety, sondern auch in puncto Security zur anerkannten
Weltmarktgröße heranzuwachsen. Die Marke «Made in Germany» muss nicht erst aufgebaut werden, sie existiert bereits
und lebt vom Ruf deutscher Ingenieurskunst. Exzellente Hoch-
schulen und Universitäten sind seit Jahren in der Lage, mit
entsprechender Innovationskraft Know-how zu produzieren.
Dasselbe gilt für höchst kreative und innovative Unternehmen,
die Ideen rasch in marktfähige Lösungen umsetzen können.

Wir brauchen eine durchgängige deutsche oder zumindest
europäische Werkbank im Bereich der Sicherheitsprodukte sowie ein sicheres deutsches Betriebssystem für kritische Anwendungen. Das BSI könnte diese Aufgabe begleiten.

Radikale Stimmen fordern vor dem Hintergrund der NSA-
Affäre sogar eine Abwrackprämie für ausländische Produkte in
deutschen Netzen. In manchen Fällen kann das durchaus Sinn
ergeben, allerdings ist die Anzahl deutscher Hersteller und ihre
Rolle im internationalen Vergleich bisher einfach zu gering, als
dass man dieser Forderung derzeit systemübergreifend und
ernsthaft nachgehen könnte. Unwidersprochen stehen dagegen die Chancen für deutsche Produkte wie eine deutsche
Cloud oder ein nationales Routing (Datenverbindungen von
München nach z.B. Hamburg würden ausschließlich über
Deutschland und nicht quer durch die Welt laufen) ausgesprochen gut.

Wer wagt, gewinnt – Deutschland innovativ

Eine zentrale Anlaufstelle

Eine der vordersten Dringlichkeiten besteht in der Errichtung einer zentralen Meldestelle für IT-Sicherheitsvorfälle, um den Teufelskreislauf aus Sicherheitslücke und «Unter-den-Teppich-Kehren» endlich aufzubrechen. Voraussetzungen dafür sind eine staatliche Garantie für Vertraulichkeit sowie ein Mehrwert für alle Beteiligten.

Der Mehrwert für Unternehmen liegt in der anonymisierten Weitergabe von Vorfällen aus anderen Firmen. Auf diese Weise können entsprechende Maßnahmen ergriffen werden, bevor es zu einem Angriff kommt. Der Staat wiederum kann ohne die Erkenntnisse aus der Wirtschaft kein Lagebild erstellen, das Grundlage einer politischen Entscheidung ist. Mit der Initiative einer Nationalen Allianz für Cyber-Sicherheit wurde dieses Ziel angestrebt, nur zeigen Unternehmen bisher, vorsichtig gesagt, eher zögerlich Netzattacken an. Die Gefahr, dass ein Vorfall dadurch doch öffentlich wird, erscheint offenbar zu groß. Ein CIO eines großen deutschen Industrieunternehmens sagte mir einmal in einem Gespräch hinter vorgehaltener Hand: «Wir melden solche Dinge nicht an einen Verband.» Ausnahmen bilden lediglich Angriffe, bei denen Kunden- und deren Konto- oder Kreditkartendaten betroffen sind, da Unternehmen und öffentliche Stellen in dem Fall durch das Bundesdatenschutzgesetz (§42a BDSG) dazu verpflichtet sind, solche Vorfälle unmittelbar den Betroffenen zur Kenntnis zu geben und über Maßnahmen zu berichten (so bei Vodafone im September 2013). Tun Unternehmen dies nicht, drohen Geldstrafen bis zu 300 000 Euro.

Ein noch stärkeres Problem haben die Strafverfolgungsbehörden. Sie können IT-Vorfälle zwar sehr viel «geräuschloser» bearbeiten, als weithin angenommen wird, dennoch geben Firmen ihre Vorfälle in aller Regel nur dann bekannt, wenn es um Erpressung oder einen Versicherungsfall geht. Dabei äußern Unternehmen immer wieder den Wunsch nach einem Sicherheitspartner an ihrer Seite, allerdings unter der Bedingung, dass dieser Vertraulichkeit nicht nur zusichern, sondern auch garantieren kann. Zudem erwarten sie für sich einen Informationsbroker, der Hinweise zu den Methoden und Werkzeugen der Angreifer verteilt. Kooperation als Ziel besteht also sowohl auf staatlicher Seite als auch auf der der Wirtschaft.

Diese gewünschte Vertrauensbeziehung ist zweidimensional. Sie erfordert zum einen einen Partner, der, wie gesagt, Vertraulichkeit zusichern kann. Das können Nachrichtendienste im Sinne des Quellenschutzes sein (Presseorgane sind dazu auch in der Lage, aber sie scheiden verständlicherweise aus). Zum anderen basiert die beschriebene Beziehung zwischen den Partnern auf einem Vertrauen, das sich nur durch ein persönliches Verhältnis entfalten kann. Zentrale Lösungen ohne örtlichen Ansprechpartner scheiden deshalb ebenso aus.

Aus diesen Gründen hat man sich in Bayern dazu entschlossen, die Stelle, die solche Angriffe anonym entgegennimmt und bewertet, beim Inlandsnachrichtendienst einzurichten, also dem Verfassungsschutz. Das Cyber-Allianz-Zentrum Bayern steht der bayerischen Wirtschaft, den Betreibern kritischer Infrastruktur und den Behörden genau in diesem Sinne als staatliches Angebot zur Verfügung. IT-Sicherheit bleibt dabei weiterhin in unternehmerischer oder behördlicher Eigenverantwortung, nur Erkenntnisse können fortan miteinander in Beziehung gebracht und weitergegeben werden. Bevor ein solches Modell Schule macht, muss aber abgewartet werden, wie erfolgreich es ist. Unbestritten ist aber die Notwendigkeit einer solchen zentralen Stelle.

16

Siri wird erwachsen – ein Ausblick

Die großen Werbeplakate an der Wand wurden langsamer und schienen schließlich stehen zu bleiben, als wir in die nächste U-Bahn-Station einfuhren. Ich saß am Fenster, sah hinaus und hörte Musik mit meinem neuen Walkman. Es war Frühjahr 1985. Von einem der Plakate versprach ein unrasierter Mann uneingeschränkte Freiheit. Er kniete lässig vor einem Lagerfeuer, sein Cowboyhut war tief ins Gesicht gezogen, und sein Rat lautete: «*Come to where the flavor is.*» Der Marlboro-Mann wusste, was Leben ist. Typisch Cowboy. Ich musste grinsen, denn aus meinem Kopfhörer ertönten gerade Die Ärzte und sangen von Micha, dem Cowboy, der einsam in den Sonnenuntergang reitet. Wahrscheinlich war Micha, der Cowboy, auf dem Weg zum Marlboro-Mann, dachte ich.

Plötzlich veränderte der Song seine Geschwindigkeit. Oh nein – bloß das nicht! Alles, aber bitte nur keinen Bandsalat. Meine Hand versuchte so schnell wie möglich den Walkman aus dem Rucksack zu fischen. Ich fuchtelte dabei so wild hin und her, dass die Kopfhörerbügel verrutschten und schief über meinem Gesicht hingen. Endlich bekam ich ihn zu fassen. Die Ärzte sangen noch immer – oder besser, sie muhten wie eine Herde Kühe im Land des Marlboro-Mannes, nur eine Oktave tiefer. Aufatmen. Ich hatte die Stopp-Taste gefunden. Vorsichtig öffnete ich das Kassettenfach. Es klemmte. Da wusste ich Bescheid. Entsetzt sah ich wieder aus dem Fenster. Eine reine Übersprungsreaktion. Der Marlboro-Mann schien mit dem Auge zu zwinkern: «Na komm schon. Rauch erst mal eine! Setz dich zu mir ans Feuer!»

Ich war fünfzehn Jahre alt. Verdammt, ich wollte nicht rauchen, ich wollte Musik hören! Stattdessen konnte ich jetzt versuchen, das wahrscheinlich völlig ruinierte Band wieder aufzuwickeln. Als ich anfing, meinen Zeigefinger langsam im kleinen Plastikzahnrad der Kassette zu drehen, setzte sich auch die U-Bahn wieder in Bewegung. Verzweifelt kreiste ich mit spärlichem Erfolg weiter am Rad herum.

«Halb so schlimm», sagte ein älterer Herr, der mir gegenübersaß. Er unterhielt sich mit einer jüngeren Dame, aber ich wusste, seine Worte galten mir.

«Hmm?», erwiderte ich gedankenversunken.

«Halb so schlimm», wiederholte mein Gegenüber.

Zweifelsohne hatten der ältere Herr und die jüngere Frau mitbekommen, was passiert war. Von wegen halb so schlimm! Schließlich hatte *er* ja nicht stundenlang vor dem Radio gesessen und in mühevoller Kleinarbeit die beste Kassette seines Lebens aufgenommen! Nicht *er* hatte versucht, den Moderator aus den Anfängen und Enden der Songs zu verbannen – was, nebenbei bemerkt, sowieso so gut wie nie gelang. Zugegeben, jede neu aufgenommene Kassette war die einzige und beste Kassette. Wahrscheinlich hießen sie deshalb auch alle «Best Vol. 1», «Best Vol. 2», «Best Vol. 3» oder «Super Best».

Der ältere Mann war eben ein älterer Mann. Punkt. Was konnte er schon wissen. Wahrscheinlich wusste er weder, wer Thomas Gottschalk war, noch, was überhaupt ein Walkman ist.

Ich war mir sicher, dass er gerade so etwas dachte wie: die Jugend mit ihrem Schnickschnack. Früher war doch alles besser! «Junge», begann er von neuem. Ich sah ihn an. Er beugte sich etwas zu mir nach vorne und sagte: «Du wirst sehen, deine Probleme von heute sind die gute alte Zeit von morgen. Mir ging es genauso.» Er lächelte.

Ich hatte mit vielem gerechnet, aber nicht damit. In seiner Stimme hatte beinahe etwas Väterliches gelegen.

Wir fuhren in die nächste Station ein. Der alte Mann ging zur Tür. Als er auf den Bahnsteig trat, drehte er sich noch einmal um und zwinkerte mir zu. Ich sah ihm lange nach, als er die Rolltreppe nach oben in Richtung Ausgang fuhr.

Oft muss ich an diese Geschichte denken, vor allem dann, wenn ich in meiner Heimatstadt bin und U-Bahn fahre. Vieles hat sich seitdem verändert. Die U-Bahn-Station, an der der alte Mann damals ausstieg, allerdings nicht. Auch die Rolltreppe nicht. Sie sieht immer noch so aus wie früher. Die einzelnen Stufen fahren nach wie vor in der gleichen, endlos wirkenden Schleife hinauf und dann, für niemanden sichtbar, wieder hinab. Immer und immer wieder. Wüsste man nicht, dass sie im Kreis verlaufen, würde man ein unerschöpfliches Reservoir an Stufen vermuten. Ähnlich wie bei uns Menschen. Auf unserem Weg gibt es Vor- und Nachfahren. Doch dieser Weg ist nicht so stetig und beschaulich wie der der Rolltreppe. Unsere Geschwindigkeit hat dramatische Züge angenommen. Man muss sich allein nur die Weltbevölkerung betrachten: Sie umfasst momentan rund 7,1 Milliarden Menschen. Als der Marlboro-Mann im Wilden Westen gelebt hat, waren es gut sechs Milliarden weniger gewesen.

Viele Jahre hatte ich angenommen, der alte Mann würde recht haben: Jede Generation hat ihre eigenen Probleme, die in der Rückschau der nächsten Generation gar nicht mehr als Probleme gesehen werden. Heute stimmt das nicht mehr. Heute haben wir innerhalb einer Generation mehrere Innovationszyklen. Doch unser Gehirn ist nicht dafür ausgerichtet, alle paar Jahre ein komplett neues Betriebssystem als Grundlage alltäglichen Handelns zu installieren. Neue «Apps» – um in der Sprache der IT zu bleiben – wie «Internet», «Finanzmärkte», «Smartphones», «Soziale Medien» oder «Smart Home» laufen auf den älteren Betriebssystemen nur langsam oder gar nicht mehr.

Inzwischen sind wir in kürzester Zeit immer und überall erreichbar geworden. Weltweite Netzwerke existieren. Der Mensch ist ein soziales Wesen, deshalb war der Schritt zu den sozialen Netzwerken nur logisch. Doch was kommt als Nächstes?

Ein japanisches Computerteam entwickelte 2010 eine Software, die es ermöglicht, unsere Umwelt virtuell zu beschriften. Virtual Reality und Wirklichkeit werden eins. Das ist die Realität. «Augmented Reality» nennt man das, die computergestützte Erweiterung unserer Wirklichkeitswahrnehmung. Livebilder können sich mit virtuellen Bildern überlagern. Es lässt sich erahnen, was mit den riesigen Datenbanken wie Google, Apple oder Facebook in Zukunft alles möglich ist. Google Glass lässt grüßen.

Das Internet of Things und Cyber-Physical Systems schaffen schneller innovative Produkte, als wir den Begriff «innovative Produkte» erklären können. Es ist wahrscheinlich, dass wir in Zukunft Speicherlösungen nutzen werden, die weder lokal noch auf mobilen Datenträgern stattfinden. Wissen und Daten werden von jedem Punkt der Welt abrufbar sein, die Menschheit extrahiert sich sozusagen selbst. Backups brauchen wir nicht mehr, da das gesamte Wissen ebenso wie unsere privaten Daten in einer Cloud, also mitten im Netz, gespeichert werden. Mit Hilfe von Algorithmen werden wir neue Möglichkeiten erkennen, die sich aus der Analyse der Datenberge ergeben. Je mehr Daten über uns existieren und miteinander in Beziehung gesetzt werden, desto mehr wird Individualität pulverisiert. Falls wir uns doch dazu entscheiden, an Grundsätzen wie Privatsphäre festzuhalten, wird es digitale Entwicklungen wie «Privacy by design» geben.

Südkorea löst nach Hackerangriff Cyberalarm aus

Hacker haben in Südkorea die Website des Präsidentenamts in Seoul und anderer Regierungsstellen lahmgelegt. Die Regierung könne einen Cyberangriff durch unbekannte Hacker bestätigen, teilte das Wissenschaftsministerium mit. Der Angriff löste Cyberangriffsalarm aus.

http://www.orf.at/stories/2188440/

Lange Zeit dachte man, Cyberspace sei ein digitaler Ort ohne Ausgang in die Realität. Diese Zeiten haben sich geändert. Unser Leben wird noch mehr von der Computertechnologie abhängig werden. Smartphones, die wir derzeit verwenden, werden zugleich zu Ausweisen, Geldbörsen und Datenbanken. Sie werden zu unverzichtbaren Helfern im Alltag und verschmelzen dabei immer mehr mit uns. Mobile Computing mit einem Internet für die Westentasche war der erste Schritt gewesen, Wearable Computing wird der nächste sein. Dabei geht es nicht mehr um den Computer selbst, sondern um reale Aktivitäten, die von Computern unterstützt werden. Eine intelligente Kleidung, die Vitalwerte aufzeichnet und im Bedarfsfall an den Arzt übermittelt, zählt ebenso dazu wie unser persönlicher Kommunikator, der eine Weiterentwicklung der Google Glass wäre, die in wenigen Jahren zu unserem ständigen Begleiter wird. Tippen wird überflüssig, Die Stimme aus dem iPhone, namentlich Siri, wird erwachsen und sorgt dafür, dass wir mit Computern per Sprache kommunizieren. Bildschirme und Maschinen werden wir mit Augenbewegungen und Gesten steuern. Transhumanisten, die den Humanismus mit den Möglichkeiten der Technik koppeln, sind davon überzeugt, dass es in Zukunft Computer-Gehirn-Schnittstellen geben wird, die ein Hochladen menschlichen Bewusstseins in digitale Speicher ermöglichen.

Da Zukunft nie gewusst werden kann, ist es ungewiss, wohin die Entwicklung wirklich gehen wird. Man kann Ziele definieren und Zukunft gestalten, Schranken kann man Innovationen letztlich aber nur durch gesellschaftliche Vorgaben setzen. IT-Security ist deshalb eines der vordringlichsten Themen unseres noch jungen Jahrtausends und wurde von vielen Ländern bereits zur Chefsache erklärt. Die Zukunft wird weitere, völlig neue Sicherheitsprobleme hervorbringen, von denen wir bislang noch nicht einmal etwas ahnen.

Bei schon vorhandenen Entwicklungen wie der einer vernetzten Energielandschaft wird in wenigen Jahren IT-Sicherheit von essenzieller Bedeutung sein und die Sicherheitspolitik bestimmen. Dann geht es bei «gehackt» nicht mehr um private Fotoalben oder Kreditkarten, sondern um die gesellschaftliche Grundversorgung und um bedrohlichste Angriffe von außen.

Viele Menschen beschäftigt deshalb, ob der nächste Krieg vielleicht ein Cyber-Krieg sein könnte. Die US-Regierung hat mit dem Cyber-Raum einen fünften militärischen Einsatzraum neben Land, Luft, Wasser und Weltraum geschaffen. Da ist es nur normal (aber auch gefährlich), dass diese Thematik eine militärische Handschrift erfährt und auf diese Weise stigmatisiert wird. Insgesamt spürt man ein lautes Säbelrasseln, was in Begriffen wie «logischen Bomben» zum Ausdruck kommt. Aber ein Krieg im Netz zwischen Staaten bleibt unwahrscheinlich. Erstens wüsste man aufgrund mangelnder Nachweisbarkeit gar nicht, wer für den Angriff wirklich verantwortlich ist und gegen wen man demzufolge eine mögliche Kriegserklärung aussprechen sollte. Der Berliner IT-Spezialist Sandro Gaycken schreibt dazu in seinem Buch *Cyberwar – Das Wettrüsten hat längst begonnen*: «Wenn man nicht weiß, wen man anklagen soll, kann man sich die Rechtsschrift auch sparen.»[31] Zweitens ist nicht auszuschließen, dass in einer vernetzten Welt durch Angriffe auf die Infrastruktur eines Landes auch zivile Einrichtungen wie Krankenhäuser von den Cyber-Attacken betroffen sein könnten. Das würde gegen die Genfer Konventionen verstoßen. Kritischen Fragen aus Den Haag möchte sich niemand gern aussetzen.

Eine große Gefahr ergibt sich aus den Faktoren Bevölkerungswachstum, Vernetzung und Urbanisierung. Denn wer moderne Gesellschaften angreifen will, greift Städte an, und zwar an der Stelle, an der sie am verwundbarsten sind: ihrer Infrastruktur. Es drohen Angriffe heute also nicht nur von außen, sondern ebenso – und vielleicht sogar verstärkt – von innen. «Insider Threat» ist deshalb auch innerhalb der NATO eines der großen Sicherheitsthemen der Zukunft.

Technik und Computer sind überall und tief in unseren Alltag vorgedrungen. Ganz langsam, fast ohne es zu spüren, haben wir uns eine neue Nabelschnur geschaffen. Die Sicherheit dieser Nabelschnur ist für uns entscheidend geworden. Denn sollte sie reißen, stehen unsere eigene Sicherheit wie auch unser Wohlstand akut auf dem Spiel.

Ich bin zuversichtlich, dass unsere Entscheidungen von heute eine gute neue Zeit von morgen ermöglichen. Doch dazu brauchen wir Mut. Mut, loszulassen und die Verantwortung an die Kompetenten unserer Gesellschaft zu übertragen, auch wenn sie vielleicht noch gar nicht an der Reihe sind. Denn es sind die Kompetenten, die der Nabelschnur Sicherheit verschaffen können. Und gleichzeitig brauchen wir Mut, um an unseren Werten festzuhalten, um nicht digital lächelnd unterzugehen. Transhumanismus hin oder her, es sind die Mutigen, denen die Zukunft gehört.

Übrigens: Auch die U-Bahn-Fahrten haben sich in meiner Heimatstadt inzwischen verändert. Man kann mittlerweile im ersten Wagen ganz vorne sitzen, ein Platz, der früher nur einer Person vorbehalten war – dem Fahrer. Den gibt es nicht mehr. Die Linie 3 fährt seit 2008 in Nürnberg computergesteuert.

Hoffentlich.

Anmerkungen

1 Dmitri Alperovitch: Revealed: Operation Shady RAT. White Paper Version 1.1, S. 2, siehe auch: www.mcafee.com/us/resources/white-papers/wp-operation-shady-rat.pdf

2 Aus: «Energie- und Kraftstoffversorgung von Tankstellen und Notstromaggregaten bei Stromausfall (TankNotStrom)», siehe: www.tanknotstrom.de

3 Siehe: www.spiegel.de/wirtschaft/unternehmen/technologieboerse-in-new-york-hacker-schmuggelten-dateien-ins-nasdaq-system-a-743807.html

4 Siehe: www.spiegel.de/netzwelt/netzpolitik/cyber-angriff-hacker-attackieren-den-weltwaehrungsfonds-a-768093.html

5 Stefan Heckmann: Worstcase Black Out. Wenn das Internet die Gesellschaft lahmlegt. Südwestrundfunk, SWR2-Feature vom 4. April 2012

6 Bundesministerium des Innern (Hg.): Der Schutz kritischer Infrastrukturen – Risiko- und Krisenmanagement. Leitfaden für Unternehmen und Behörden. Berlin 2011, S. 5

7 Bundesministerium des Innern: LÜKEX 2011. Sicherheit in der Informationstechnologie. Pressemitteilung vom 1. Dezember 2012

8 Ebenda

9 Siehe: www.juraforum.de/wissenschaft/cyber-physical-systems-das-internet-der-dinge-daten-und-dienste-wird-branchen-und-maerkte-praegen-394837

10 Bayerisches Landesamt für Verfassungsschutz: Soziale Netzwerke und ihre Auswirkungen auf die Unternehmenssicherheit. München 2012, S. 59

11 STOA (Scientific and Technological Options Assessment) ist eine Dienststelle in der Generaldirektion Wissenschaft des Europäischen Parlaments, die Forschungsaufträge auf Antrag von Ausschüssen vergibt. Eine wissenschaftliche Überprüfung der Arbeiten findet aber nicht statt.

12 Bericht des Europäischen Parlaments über die Existenz eines globalen Ab-

hörsystems für private und wirtschaftliche Kommunikation (Abhörsystem ECHELON). 2001/2098 (INI), S. 24

13 Siehe: www.europarl.europa.eu/sides/getDoc.do?type=REPORT&refe rence=A5-2001-0264&language=DE

14 R. James Woolsey: Why We Spy on Our Allies. *The Wall Street Journal*, 17. März 2000

15 Der Begriff «Kriminelle» wird nicht nach einer rechtlichen Definition verwendet, sondern zur besseren Unterscheidung der Interessenlagen, denn selbstverständlich sind alle unbefugten Taten, die unter Ausnutzung der Informations- und Kommunikationstechnik (IuK) oder gegen diese begangen werden, kriminell.

16 Siehe: http://blog.botfrei.de/2013/05/sie-sind-im-besitz-von-kinderpornographie-fake-oder-real/

17 Siehe: Johannes Voswinkel: Auf Bestellung verseucht. *Zeit Online*, 5. Februar 2012

18 Pressemitteilung des österreichischen BKA: Bundeskriminalamt ging jüngster Hacker Österreichs in Netz, 16. April 2012

19 Jacob Appelbaum im Interview mit Edward Snowden: «Wir sind alle verwundbar.» *Der Spiegel*, Nr. 28, 8. Juli 2013

20 Symantec: Internet Security Trend Report 2013, siehe: www. symantec.com/de/de/security_response/publications/threatreport.jsp

21 Siehe: www.wort.lu/de/view/biltgen-bedauert-datenpanne-4f61b170e4b0860580a9b814

22 Markus Becker: Militärtechnik: US-Marines setzen iPads in Kampfhubschraubern ein. *Spiegel Online*, 30. September 2011

23 Ebenda

24 Hochschule Augsburg und Bayerisches Landesamt für Verfassungsschutz: Soziale Netzwerke und ihre Auswirkungen auf die Unternehmenssicherheit. 2012, S. 61, siehe: www.verfassungsschutz.bayern.de/imperia/md/content/lfv_internet/service/brosch_resozialenetzwerkeneu.pdf

25 Siehe: www.online.wsj.com/article/SB124027491029837401.html

26 Mark Bowden: WORM. Der erste digitale Weltkrieg. Berlin 2012, S. 21

27 Siehe: www.microsoft.com/de-de/news/pressemitteilung.aspx?id=533471

28 Standardisierende Leistungsbeschreibung, Bundeskriminalamt, Stand 2. Oktober 2012, siehe: https://fragdenstaat.de/files/foi/8095/leistungsbeschreibung-quellen-tku.pdf

29 Überprüfung der Wirksamkeit der BSI-Konfigurationsempfehlungen für

Windows 7; Auswirkungen der Konfiguration auf den Schutz gegen aktu-
elle Drive-by-Angriffe; BSI-CS 048 | Version 1.00 vom 12. November 2012

30 Siehe: www.pressebox.de/pressemitteilung/trend-micro-deutschland-
gmbh/Trend-Micro-Studie-belegt-riskantes-Online-Verhalten-am-
Arbeitsplatz/boxid/41389

31 Sandro Gaycken: Cyberwar. Das Wettrüsten hat längst begonnen. München 2012

Glossar

App: Anwendungsprogramme auf Mobilgeräten wie Smartphones oder Tablets

APT: Advanced Persistent Threat: Komplexer, zielgerichteter und effektiver Angriff auf IT-Systeme

Augmented Reality: Computergestützte Erweiterung der Wirklichkeitswahrnehmung. Livebilder können sich mit virtuellen Bildern überlagern.

Botnet: Kurzform für Roboternetz. Eine Gruppe von Computerprogrammen (sogenannte Bots) läuft auf vernetzten Computern und steht einem sogenannten Bot-Master zur Verfügung.

BYOD: Bring Your Own Device. Die Nutzung privater IT für dienstliche Zwecke

CALEA-Act: Communications Assistance for Law Enforcement Act. US-amerikanische Rechtsgrundlage zur Verpflichtung von Herstellern und Providern zur Realisierung einer Abhörmöglichkeit für Strafverfolgungsbehörden und Nachrichtendienste

CERT: Computer Emergency Response Team.

Chat: Unterhaltung über das Internet

Cloud-Computing: Rechenleistung, Software oder Speicherplatz, der online zur Verfügung gestellt wird

CryptoPartys: Treffen, die zum Ziel haben, einer breiten Öffentlichkeit zu zeigen, wie man Verschlüsselung am Computer einsetzt, auch ohne ein IT-Experte zu sein

Cyber-Physical-System: Komplexer Verbund von Geräten, die über das Internet miteinander kommunizieren

DAU: Dümmster anzunehmender User

DDoS-Angriff: Distributet Denial of Service. Gezielte Dienstverweigerung durch Überlastung der IT-Infrastruktur

Digital Natives: «Digitale Eingeborene». Diejenigen, die schon von Geburt an mit Informationstechnologie wie Computer, Internet usw. aufwachsen

DNS: Domain Name System. Dienst in IP-basierten Netzwerken. Seine vorrangige Aufgabe besteht darin, Anfragen zur Namensauflösung zu beantworten.

Drive-by-Download: Drive-by-Angriffe sind eine verbreitete Methode, um Schadprogramme ohne Kenntnis des Anwenders und ohne Nutzerinteraktion zu installieren und auszuführen. In der Regel genügt der Besuch einer Website, um das System mit Schadsoftware zu infizieren.

DSL: Digital Subscriber Line. Ein digitaler Teilnehmeranschluss zum Übertragen von Daten

DVB-T: Digital Video Broadcasting – Terrestrial; digitales terrestrisches Fernsehen

Google-Alert: Eine automatische Benachrichtigung von Google per E-Mail, wenn neue Nachrichten oder Websites zu vorher definierten Themen gefunden werden

GPS: Global Positioning System. Satellitensystem zur Ortsbestimmung und Navigation

Hacktivisten: Wortmischung aus Hacker und Aktivisten. Sie nutzen die Fähigkeiten von Hackern, um politisch zu protestieren.

HUMINT: Human Intelligence. Wissen durch menschliche Quellen

IDS: Intrusion Detection System. Ein System zur Erkennung von Angriffen

IKT: Informations- und Kommunikationstechnologie

IOC: Indicator of Compromise. Merkmale, die mit hoher Wahrscheinlichkeit einen Angriff belegen

IP-Adressen: Internet-Protokoll-Adressen

ISDN: Integrated Services Digital Network. Digitales Telekommunikationsnetz

IT: Informationstechnologie

Legal Interception: Abhören durch staatliche Stellen

NCAZ: Nationales Cyber-Abwehrzentrum

Nerd: Computerenthusiast

NSA: National Security Agency. Technischer Nachrichtendienst der USA

OSINT: Open Source Intelligence. Wissen aus offen zur Verfügung stehenden Quellen

Patch: Von engl. *to fix* = reparieren oder engl. *to patch* = flicken

Pattern: Muster, die sich bereits mehrfach bewährt haben und als Schablone verwendet werden

Paysafecard: Elektronisches Zahlungsmittel, das nach der Prepaid-Methode funktioniert. Der Nutzer erwirbt an einer Stelle (Kiosk, Tankstelle o. Ä.) einen Wertgutschein in Höhe von x Euro. Der Kunde erhält mit diesem Gutschein einen PIN-Code. Der wird beim Einkaufen im Internet verwendet. Ist der Betrag aufgebraucht, erlischt die PIN.

PGP: Pretty Good Privacy. Verschlüsselungsprogramm

PKS: Polizeiliche Kriminalstatistik

RAR-Archiv: Eine Methode, um Daten und Dateien zu komprimieren. Auch Möglichkeit der Verschlüsselung.

SCADA: Supervisory Control and Data Acquisition. System zur Überwachung und Steuerung technischer Systeme

Script-Kiddies: Computernutzer, die mit minimalen Grundlagenkenntnissen in Computer und Netzwerke eindringen

SD-Card: Sichere digitale Speicherkarte

Shodan: Suchmaschine für Geräte und Computer, die mit dem Internet verbunden sind

SIGINT: Signal Intelligence. Signalerfassung. Wissen durch technische Quellen

Smart Grid: Intelligentes Stromnetz

Smart Meter: Intelligente Stromzähler

SORM-2: System for Operative Investigative Activities. Russisches Programm zur Überwachung des Internets. Verpflichtung der Telekommunikationsanbieter in Russland zur Installation eines Überwachungsmoduls

Spoofing: Täuschungsversuch zur Verschleierung der eigenen Identität

SSL: Secure Sockets Layer. Verschlüsseltes Netzwerkprotokoll zur sicheren Übertragung von Daten

Tablet: Tragbarer flacher Computer mit berührungsempfindlicher Oberfläche; ohne Tastatur

Token: Ein Gerät zur Identifizierung und Authentifizierung von Benutzern

Tor-Netzwerk: Netzwerk zur Anonymisierung von Internetverkehr

Ukash: Elektronisches Zahlungsmittel ähnlich der Paysafecard

UMTS: Universal Mobile Telecommunications System. Die dritte Generation des Mobilfunkübertragungsstandards (3G)

VoIP: Sprache über Computernetze

WAF: Web Application Firewall. Eine Firewall für Internetanwendungen

Literatur

Ardley, Neil: World of Tomorrow. School, Work and Play. Franklin Watts Limited (London) 1981

Bernau, Varinia: Einhundert Milliarden Dollar. Der angestrebte Börsenwert des sozialen Netzwerks Facebook würde ein Kurs-Gewinn-Verhältnis jenseits von Gut und Böse bedeuten. Süddeutsche Zeitung vom 30. Januar 2012

Bilton, Nick: Nature's Joystick: The Human Brain. The New York Times vom 30. April 2013

Bowden, Mark: Worm. Der erste digitale Weltkrieg. Bloomsbury (Berlin) 2012

Clarke, Richard A.: World Wide War. Angriff aus dem Internet. Hoffmann und Campe (Hamburg) 2011

Coupland, Douglas: Microsklaven. Hoffmann und Campe (Hamburg) 1996

Coupland, Douglas: Generation A. Klett-Cotta (Stuttgart) 2010

Darnstädt, Thomas: Der Wurm als Waffe. Spiegel Online vom 2. Juni 2012

Elsberg, Marc: Blackout. Morgen ist es zu spät. Blanvalet (München) 2012

Finsterbusch, Stephan: Spione in den Netzen der Wirtschaft. Frankfurter Allgemeine Zeitung vom 13. August 2013

Gaffron, Stefanie: Bei Stromausfall friert und stinkt die Republik. Welt Online vom 8. Juli 2012

Gaycken, Sandro: Cyberwar. Das Wettrüsten hat längst begonnen. Goldmann (München) 2012

Glaser, Peter: Der stille Weltkrieg. Wenn neue Angriffswaffen dazu führen, dass auch ein eigentlich unterlegener Angreifer siegen kann, gerät die Weltpolitik ins Schwanken. Futurzone.at vom 6. Juni 2012. Siehe: Futurezone.at/meinung/9616-cyberwar-der-stille-welt krieg.php

Graff, Bernd im Interview mit Rick Smolan: «Wir töten uns sogar selber.» Big Data ist unausweichlich: Der Fotograf und Autor Rick Smolan über die Lawinen der Information. Süddeutsche Zeitung vom 23./24. Februar 2013

Küchemann, Fridtjof: Denn nur eins ist unsicher: Ihre Daten. Süddeutsche Zeitung vom 1. Oktober 2012

Küffner, Georg: Wohnen in der schlauen Stadt. Frankfurter Allgemeine Zeitung vom 6. Dezember 2011

Lewis, James A.: Binary Battlefield. Security Times, Februar 2013

Lindner, Christian: Ordnung für den Datenmarkt – eine erste Agenda. Wir dürfen die für unsere Gesellschaft so zentralen digitalen Märkte nicht allein privaten Konzernen überlassen. Der Staat muss endlich Regeln setzen. Frankfurter Allgemeine Zeitung vom 14. August 2013

Long, Jonny: No Tech Hacking: A Guide to Social Engineering, Dumpster Diving, and Shoulder Surfing. Syngress Publishing, Inc. (Burlington, MA) 2008

Mauerer, Hermann: Xperten. Das Paranetz. Zusammenbruch des Internets. Freya Verlag (Linz) 2004

Meckel, Miriam: NEXT. Erinnerung an eine Zukunft ohne uns. Rowohlt (Reinbek) 2011

Mitnick, Kevin D., und Simon L. William: Die Kunst der Täuschung. Risikofaktor Mensch. mitp/bhv (Heidelberg) 2006

Panetta, Leon E.: The Next Pearl Harbor – from Cyberspace? The New York Times vom 6. Februar 2013

Passig, Kathrin, und Sascha Lobo: Internet. Segen oder Fluch. Rowohlt (Berlin) 2012

Radermacher, Franz-Josef: Die Zukunft unsere Welt. Navigieren in schwierigem Gelände. Edition Stifterverband (Essen) 2010

Schachner, Cornelia: Psychologie: Blackout – eine Katastrophe des Alltags. Truppendienst. Bundesministerium für Landesverteidigung und Sport. Wien (Ausgabe 2/2012)

Schirrmacher, Frank: Payback. Warum wir im Informationszeitalter gezwungen sind zu tun, was wir nicht tun wollen, und wie wir die Kontrolle über unser Denken zurückgewinnen. Karl Blessing (München) 2009

Schrader Christopher: 24 Stunden bis zum Chaos. Strom, Gas, Internet: Die zunehmende Vernetzung urbaner Infrastruktur birgt unterschätzte Risiken. Süddeutsche Zeitung vom 25. April 2012

Spiegel, Gerald, und Michael Krammel: ISO27001 für SCADA. Integration der industriellen Leittechnik mit dem Informationssicherheits-Management. «kes», Nr. 5/2011

Splittgerber, Andreas: Deutsche Datenschützer warnen Unternehmen vor Amerika. Frankfurter Allgemeine Zeitung vom 14. August 2013

Stirn, Alexander: Hier spricht Ihr Computer. Autonome Staubsauger, U-Bahnen und Autos gibt es längst – und bald auch Passagierflugzeuge ohne Piloten. Aber ist der Mensch schon bereit dafür? Süddeutsche Zeitung vom 16./17. Februar 2013

Stöcker, Christian: Nerd Attack! Eine Geschichte der digitalen Welt vom C64 bis zu Twitter und Facebook. DVA (München) 2011

Stölzel, Thomas: Amerika liest mit. WirtschaftsWoche, Nr. 32/2011

Weddeling, Britta: Würmer, Trojaner und logische Bomben. Der Kampf um die militärische Überlegenheit im Internet hat begonnen. An vorderster Front: das Cyber-Zentrum der Nato im estnischen Tallinn. Focus, Nr. 40/2011

Wright, Craig: Lebensgefahr aus dem Internet. Hacker können Kriegsdrohnen, Eisenbahnen und Kraftwerke stören. Der Brancheninsider Craig Wright schlägt Alarm. Zeit Online vom 13. Oktober 2011

Dank

All jenen, die mich ermuntert haben, dieses Buch zu schreiben, möchte ich jetzt, wo es fertig ist, danken. Ohne die bestärkenden Worte meiner Freunde und auch meines Arbeitgebers hätte ich mich sonst wohl erst gar nicht an ein solches Projekt herangetraut. Sosehr unser Leben inzwischen von Computern abhängig ist, das, was uns trägt, sind unsere Familie, unsere Freunde und unsere Nachbarschaft. Und ohne die wäre dieses Buch ebenfalls nie entstanden. Meiner Familie, die mich während der Zeit des Schreibens praktisch ständig entbehren musste, möchte ich besonders danken. Danke, Claudi, für deine Unterstützung.

Danken möchte ich auch dem immer positiv denkenden Verlag sowie einem großartigen Lektorat, denn sie haben dafür gesorgt, dass das Buch Realität wurde. Und schließlich möchte ich mich bei meinen Gesprächspartnern für die oft stundenlangen Gespräche bedanken, die ich mit ihnen zum Thema Mensch und Computer führen durfte und hoffentlich auch weiterhin führen darf.